Georg Volland

Beiträge und Erläuterungen zu Herrn Doctor Carl Friedrich Bahrdts

Lebensbeschreibung die er selbst verfertigt hat

Georg Volland

Beiträge und Erläuterungen zu Herrn Doctor Carl Friedrich Bahrdts
Lebensbeschreibung die er selbst verfertigt hat

ISBN/EAN: 9783743435957

Hergestellt in Europa, USA, Kanada, Australien, Japan

Cover: Foto ©ninafisch / pixelio.de

Manufactured and distributed by brebook publishing software (www.brebook.com)

Georg Volland

Beiträge und Erläuterungen zu Herrn Doctor Carl Friedrich Bahrdts

Beiträge und Erläuterungen

zu

Herrn Doctor

Carl Friedrich Bahrdts

Lebensbeschreibung

die er selbst verfertiget.

Herausgegeben

von

M. Georg Gottfried Volland,

Prediger zu Ammera bey Mühlhausen in Thüringen.

Jena, 1791.

in der akademischen Buchhandlung.

Vorbericht.

Gegenwärtige Schrift in die Welt zu schicken, ist ein Unternehmen, welches einer kleinen Schutzrede bedarf. Sie ist gegen einen berühmten Mann gerichtet, dessen vorzüglichen Gaben ich jederzeit die gebührende Gerechtigkeit wiederfahren lassen, und der mich viele Jahre mit seiner Gewogenheit und Freundschaft beehret, ob er gleichwohl wuste, daß ich seinen Lieblingsmeinungen nicht beipflichten konnte. Einen solchen Mann der Welt in einem unrühmlichen Licht darzustellen, scheinet den Gesetzen der Ehrerbietung und Freundschaft gerade entgegen zu seyn, und ich würde mich nie dazu entschlossen haben, wenn es nicht eine unumgängliche Pflicht erfordert hätte, die Pflicht nemlich, gekränkte und unterdrückte Unschuld zu vertheidigen und zu retten.

Es ist dieses eine Pflicht, die einem jeden ehrlichen Manne oblieget, der Gelegenheit hat, sie zu erfüllen, und von wem wird sie wohl dringender gefordert, als von einem Bruder. Ich brauche also zu meiner

Rechtfertigung nichts weiter anzuführen, als daß die bedaurenswürdige Ehegattin des Herrn D. Bahrdts, welche er seit etlichen Jahren so empfindlich gekränket, und endlich gezwungen, sich von ihm zu entfernen, ja sogar in seinen Schriften gleichsam an den Pranger gestellet, meine Schwester sey. Wäre dieses ihr trauriges Schicksal eine blos häusliche Begebenheit geblieben, und hätte er sich damit begnüget, nur mündliche Verunglimpfungen gegen sie auszustreuen, so würde sie solches, wie so viele andere von ihm erduldete Leiden, in der Stille verschmerzet, und sich mit dem Troste

ste eines guten Gewissens und dem Vertrauen auf die göttliche Vorsehung beruhiget haben, und noch viel weniger würde es mir eingefallen seyn, selbiges der Welt gedruckt vorzulegen. Der Herr D. hat durch das zeitherige Betragen gegen seine Frau, welches einem Manne so wenig anständig ist, der von den traurigen Folgen eines verletzten Ehebündnisses so edel denken und schreiben konnte, seinem guten Rufe so sehr geschadet, und sich in der Achtung seiner würdigen Frau Mutter, Geschwister und vieler seiner besten Freunde so weit herunter gesetzt, daß es eine Art der Grausamsamkeit scheinen möchte, ihn in einer öffentlichen Schrift noch tiefer zu erniedrigen.

Es ist ihm aber nicht genug, schreiende Ungerechtigkeiten an seinem unschuldigen Weibe auszuüben, er suchet auch mit geschärfter und gespitzter Feder ihre Ehre und guten Namen zu ermorden. Dieses hatte er ihr schon mehrmals gedrohet, wenn sie ihm keinen ganz blinden Gehorsam erweisen, und Sachen nicht dulden wollte, welche Ehre, Pflicht und Gewissen einer rechtschaffenen Frau nicht verstatten zu dulden. Er wollte, wie er sagte, einige Bogen drucken lassen, in welchen sie als eine der verabscheuungswürdigsten Personen geschildert werden sollte.

Diesen Versuch hatte er schon wirklich in einem kleinen Roman gemacht, welchem er den Titel Alla Lama gegeben. In diesem stellet er sie unter dem Bilde einer faulen und verschwenderischen Indianerin vor, welche eine ganz vortreffliche Sklavin gekauft, (dieses soll seine so hoch geschätzte Magd seyn, von welcher in der Folge mehreres vorkommen wird) aber auf selbige so eifersüchtig und ihrem Mann so unerträglich geworden, daß er, um sie besser einzuschränken, seinen Aufenthalt in der Stadt ver-

verlassen und sich aufs Land begeben müssen. Er muß aber eingesehen haben, daß er mit diesem Wische seine Absicht nicht erreiche. Die, welche seine jetzigen häuslichen Umstände wissen, kennen auch die Unschuld seiner Frau viel zu gut, und die, welche von seiner gegenwärtigen Lage nicht unterrichtet seyn, können auch unmöglich errathen, wer mit dieser Erdichtung soll beschimpfet werden. Er ziehet also nun die Masque ab, und suchet diese verläumderischen Pfeile in seiner Lebensgeschichte, die er selbst herausgegeben, offenbar gegen sie abzudrücken. Den Anfang macht er gleich in dem 2ten Theile, da er auf seine Verheirathung kommt, und will die Leser überreden, er sey bei diesem Schritte sehr unglücklich gewesen, und habe ein Weib bekommen, welches die ihr natürliche Eifersucht so sehr geplaget, daß sie darüber fast melancholisch, zu den gesellschaftlichen Vergnügungen unfähig, in der Besorgung ihres Hauswesens träge und verdrossen geworden, und ihm alle Freuden dieses Lebens verbittert habe. Es ist leicht einzusehen, daß dieses nur die Grundlage sey, auf welcher er die ihr zugedachte Schandsäule in der Folge aufzurichten gedenket.

Freun=

Freunde der Wahrheit und Tugend mögen urtheilen (um das Urtheil anderer bin ich sehr unbekümmert) ob ich mich der Pflicht entziehen können, die öffentlich angetastete Ehre meiner unglücklichen Schwester auch öffentlich zu vertheidigen, da ich alle dazu erforderliche Beweise in Händen habe. Ich halte dieses um so viel mehr für meine Pflicht, da die Schriften des Herrn D. Bahrdts in der Nähe und Ferne so viele Leser finden, deren manche wegen seiner unleugbaren großen Gaben mit einem günstigen Vorurtheile für ihn eingenommen seyn, und noch mehrere ihn als

ih=

ihren Wohlthäter betrachten, dem sie ihre Aufklärung zu danken haben, das heißt, der ihnen so treulich geholfen, die ihnen verhaßten Bande der Christlichen Religion zu zerreissen und ihre Seile von sich zu werfen, und deswegen schon lange gewöhnt sind, alles, was der Herr D. Bahrdt schreibet, als ausgemachte Wahrheiten, zu verschlukken. Eben dieses befestigte den Entschluß meiner Schwester, ihre Vertheidigung dem Drucke zu übergeben, welcher anfing zu wanken, da sie fertig war. Ihr gutes Herz machte sich etwas zu weit getriebene Vorstellungen von der Pflicht geduldig zu leiden.

den. Sie fing an zu fürchten, man möchte ihre Verantwortung für eine Frucht der Rachgier ansehen, indem dabei vieles ans Licht käme, welches ihrem Manne nicht zur Ehre gereichen, und ihn noch mehr gegen sie erbittern würde.

Ich stellete ihr dargegen vor, die Pflicht der Geduld könne die Pflicht, sich gegen Verläumdungen zu vertheidigen, nicht aufheben. Ihr Stillschweigen würde in den gegenwärtigen Umständen für eine Bestätigung alles Nachtheiligen angesehen werden, was ihr Mann gegen sie ausgestreuet, und diesen nur muthiger machen, ihr in

der

der Folge noch viel gehäßigere Dinge aufzubürden. Es sey freilich etwas trauriges, daß sie sich nicht verantworten könne, ohne eine sehr schlechte Seite ihres Mannes der Welt vorzulegen, aber dieses wäre eine Folge, die nicht ihr, sondern ihm selbst müsse beigemessen werden. So willigte sie endlich ein, empfahl mir aber, ihren Mann so viel möglich zu schonen, und alle Bitterkeit der Schreibart sorgfältig zu vermeiden. Ich versprach es, und glaube mein Versprechen erfüllt zu haben.

Ich werde also zeigen, daß der Herr D. mit seiner jetzt verstossenen Ehegattin

18 Jahre lang in einer zufriedenen und vergnügten Ehe gelebet, und bis dahin keinen Schatten der Untugenden, deren er sie jetzt beschuldigen will, an ihr gefunden, sondern sie vielmehr gegen Jedermann als eine Frau gerühmet, die er nicht besser wünschen könnte, sodann werde ich auch zeigen müssen, aus welchen Quellen seine nun veränderten Gesinnungen gegen sie entsprungen, und warum diese so glückliche Ehe zerrüttet, und sich in eine so auffallende Trennung verwandelt habe.

Ob ich dadurch bei ihm selbst etwas ausrichten, und die ihm sonst eigne würdige Denkungskungsart gegen seine Gattin wieder erwecken werde, daran muß ich freilich sehr zweifeln. Die Hoffnung aber lasse ich nicht fahren, er werde, wie ich schon einmal an ihn geschrieben, mir in seinem Herzen die Gerechtigkeit wiederfahren lassen, daß ich in dieser Sache nichts anders gewürket und geschrieben, als was dem Charakter eines Bruders, eines Freundes und eines ehrlichen Mannes gemäs ist.

M. George Gottfried Volland.

Erster Abschnitt.

Veränderte Absichten des H. D. Bahrdts bei seiner Lebensbeschreibung.

Seine eigene Lebensgeschichte unpartheiisch zu schreiben, ist so leicht nicht, als es bei dem ersten Anblick scheinen möchte. Ein Mann, der mehr von sich sagen kann, als daß er geboren worden, gelebet, ein Weib genommen, und Kinder gezeuget, wird sich nicht selten in große Verlegenheit verwickelt sehen, wie er die Eigenliebe mit der Unpartheilichkeit vereinigen solle. Beide haben noch nie in einem recht guten Vernehmen mit einander gestanden, und werden auch wohl niemals aufrichtige Freundinnen werden. Hat der Verfasser seiner eigenen Geschichte Verstand, und weiß zu leben, so wird er wohl ein gar zu offenbares und prahlendes Eigenlob vermeiden, wenn er seine guten Eigenschaften und

Handlungen schildert, und doch wird er sich nie genugsam hüten können, daß ihm die Eigenliebe nicht manchen Streich spiele. Sie spricht gar zu gerne, zu laut, zu oft von Talenten, Feuer, Lebhaftigkeit, unermüdeter Thätigkeit, unüberwindlichem Muthe u. dg. und sie weiß mit guter Art die Unpartheilichkeit auf die Seite zu schieben, wenn sie ihr zu nahe kommen will. Sie thut ungeheißen und ungebeten, was sich Cicero vom Luccejus ausbat, er möchte in seiner Römischen Geschichte, wenn er auf das Regierungs-Jahr *) des Cicero und die von ihm vernichtete Catilinarische Verschwörung käme, mehr die Sprache eines feurigen Redners, als eines trockenen Geschichtschreibers führen, auch der Liebe zu ihm ein wenig mehr einräumen, als es die Wahrheit verstattete. **)

Wie

*) So übersetze ich das Wort Consulatus. Der Unterschied zwischen einem Römischen Consul und einem Deutschen Bürgermeister ist zu groß, als daß ich mich getrauete Bürgermeister-Amt dafür zu setzen.

**) Wer des Cicero Briefe gelesen, weiß auch, wo diese Stelle stehet, und wer sie nicht gelesen oder nicht lesen kann, mag es mir auf mein Wort glauben.

Wie wird sie nicht vollends ihre Obermacht beweisen, wenn Fehler, Thorheiten und würkliche Verbrechen sollen erzehlt werden? Wer ist der Mensch, der nicht von seinem Stammvater Adam die Neigung geerbt hätte, seine schlechte Seite zu verbergen, seine Vergehungen mit Ausflüchten und Entschuldigungen zu schmücken, und seinen Lastern ein von der Tugend geborgtes Mäntelchen umzuhängen, und wo ist der Philosoph, der diese Neigung völlig zu unterdrücken Muth und Kräfte hat? Das ist noch nicht alles. Man fordert von einem Geschichtschreiber nicht eine trockene sondern pragmatische Erzehlung. Man fordert, er solle nicht blos, was geschehen sey, anführen, sondern auch die Veranlaßungen und geheimen Triebfedern ans Licht bringen, und wer kann und wird in seiner eignen Geschichte so offenherzig seyn? Noch schwerer wird es unpartheiisch zu schreiben, wenn der Verfaßer ein Schriftsteller ist, der Widerspruch gefunden, und unangenehme Schicksale erlebet. Wird er wohl gestehen, daß Ruhmsucht und Geldbegierde manche seiner Schriften zur Welt gebracht? wird er gestehen, daß ihn zuweilen sein Spottgeist verleitet, verdiente Männer ohne Ursache anzufallen, oder um unbedeutender Schwachheiten willen dem Gelächter der Welt preiß zu geben? Wird er wohl die rühmliche Mäßigung des Cäsars beobachten, wenn er seiner Gegner erwähnt? Wird er gestehen, daß er hie und da Unrecht gehabt, oder doch in seinen Vertheidigungen die Gränzen der Klugheit, Bescheidenheit und Wahrheit überschritten? Das mag ein Einwohner des Mondes glauben, der vorgestern auf unsere Welt gekommen, und noch keine Streitschriften und ihre Vorreden gelesen. Es ist immer besser und den Gesetzen der Klugheit gemässer, wenn der Schriftsteller seine selbst verfertigte Lebensgeschichte bey sich niederleget, und sie erst nach seinem Tode der Welt in die Hände kommen läßet, indem er alsdann über alles Nothwerden und Verantworten hinaus gesetzt ist.

Der Hr. D. Bahrdt weiß dieses alles so gut als jemand, und viel besser als meine Wenigkeit, deswegen war er auch ehedem entschlossen, seine Geschichte bis nach seinem Ableben ruhen zu lassen. Er hatte sie schon in Giesen angefangen,

fangen, und vereinigte damit die lobenswürdige Absicht, seiner Ehegattin ein nicht allein rühmliches sondern auch einträgliches Denkmahl seiner Achtung und Liebe zu stiften, welches ihr statt eines Witwengehalts dienen könnte, indem ihm sein Herz sagte, er werde kein großes Vermögen hinterlassen, weil er zum Zerstreuen geschickter sey als zum Sammlen. Nunmehro aber hat sich seine Denkungsart in Ansehung seiner Frau auf eine traurige Weise geändert, und man muß über ihn ausrufen:

Quantum mutatus ab illo.

Eine fast Ovidische Verwandlung hat sich mit ihm zugetragen. Der Hr. D. Bahrdt auf dem Weinberge ist nicht mehr derjenige, der er in Erfurt, in Giesen, in Marschlinz, in Heidesheim, ja selbst in Halle gewesen. Der liebreiche und gefällige Ehegatte, der, wenn auch seine natürliche Hitze zuweilen aufbrausete, doch gleich wieder zu sich selbst kam, ist nun zu der allerniedrigsten Klasse *) der Männer, die die

*) Das ist unstreitig die Klasse der Männer, die ihre rechtschaffenen Weiber nichtswürdigen Huren aufopfern.

Weiber plagen, herabgesunken, und hat seine würdige Ehegattin so lange gequälet und so schrecklich bedrohet, daß sie endlich von ihm weichen müßen.

Diese Epoche seiner Geschichte ist zu merkwürdig, als daß er sie mit Stillschweigen übergehen konnte. Auffallend ist es schon, und wird von manchem als ein Merkmahl eines bösen Gewißens angesehen, daß er in dem Tagebuche seiner Gefangenschaft nur seiner Tochter rühmlich gedenket, und seine Frau ganz vergißt, die ihm doch auch und wohl noch mehr alle mögliche Liebe und Dienste erwiesen, daß man denken möchte, sie sey schon längst den Weg alles Fleisches gegangen, wie viel mehr würden die Leser sich verwundert und die Köpfe geschüttelt haben, wenn er nicht gemeldet hätte, wo seine Frau hingekommen sey, und warum sie ihn verlaßen habe.

Was sollte er nun thun. Schreib, sagte die Unpartheilichkeit: Bisher hatte ich mit meiner Frau sehr vergnügt gelebet, und sie hatte mir in guten und bösen Tagen alle Liebe und Treue bewiesen, als ich aber meinen Weinberg bezog, mußte unsere

sere Magd mit mir ziehen, und ich wurde näher mit ihr bekannt. Ob sie gleich nach dem Urtheil Anderer unter die Häßlichen gehörte, gefiel sie mir doch bald besser als meine Frau. Sie mußte Tag und Nacht um mich seyn, und ich vertrauete ihr Wirthschaft und Kaße mit völliger Ausschließung meiner Frau. Diese war darüber unzufrieden, und da es sich fand, daß diese Magd eine schwangere Hure sey, und würklich auf meinem Kirschberge ein Kind zur Welt brachte, so glaubte sie, ihre und meine Ehre erfordere es, sie abzuschaffen. Dieses war mir ungelegen, ich wollte lieber die Frau los seyn, und fing an ihr so verächtlich zu begegnen, und sie so empfindlich zu kränken, daß ich dachte, sie würde es nicht ausstehen und von selbst mich verlassen. Aber dahin konnte ich sie nicht bringen. Nachdem der Streit bei drei Jahr gedauret, ob sie oder die Magd fort sollte, mußte ich Gewalt brauchen, und ihr ankündigen: Ich würde sie als eine Gefangene im Hause halten, wenn sie nicht fort wollte, und so mußte sie endlich gehen und mich mit meiner Magd in Ruhe laßen. Du wirst kein Schaafkopf seyn, schrie die Eigenliebe dargegen, und solch Zeug in die Welt schreiben. Nein! du mußt deiner Frau alle Schuld der Trennung aufbürden. Weg mit der Wahrheit; zu Erdichtungen mußt du deine Zuflucht nehmen, und mit eiserner Stirn vorgeben, du hättest sie gleich anfangs als eine schlechte und unausstehliche Person gefunden.

Der Hr. D. ist diesem Rathe treulich gefolget. Er hat seine Lebensgeschichte ganz umgeschmolzen, und den Plan, seine unschuldige Frau zu beschimpfen, mit eingewebet? Er will die Leser dahin bringen, daß sie mit ihm als mit einem armen Hiob Mitleiden haben sollen, der bei allen seinen Widerwärtigkeiten noch dazu mit einem bösen Weibe geplaget gewesen, und diese schreckliche Last so viele Jahre mit mehr als Socratischer Geduld ertragen, aber endlich ihm freudig entgegen jauchzen sollten, wenn sie vernehmen würden, er habe mehr Muth gehabt, als der alte Weltweise, und seine Xantippe fort gejaget.

Der Hr. D. wird es mir nicht übel nehmen, daß ich die Leser eines bessern belehre,

und

und ihm die Hoffnung dieses Triumphs vereitele.

Zweiter Abschnitt.

Herr D. Bahrdt will ein Mann ohne Leidenschaften seyn.

Wie der Hr. D. seine Lebensgeschichte in der Hamburger Zeitung ankündigte, versicherte er hoch und theuer, er wolle sich selbst nicht schonen, sondern stets der Wahrheit treu verbleiben, und ich muß gestehen, daß er solches wenigstens in seiner Heirathsgeschichte, besonders bei seinen mislungenen Versuchen treulich erfüllet habe. Hier schonet er sich so wenig und entdeckt seine Denkungsart und Absichten bei diesem so wichtigen Schritte des menschlichen Lebens so aufrichtig, als wenn er die Welt überzeugen wollte, er hätte keine gute Frau verdienet, und würde besser gethan haben, wenn er gar nicht geheirathet hätte.

„Er konnte, wie er S. 81. schreibet, keine „Frau ernähren, hatte auch keine Hoffnung eine „so reiche Frau in Erfurt zu bekommen, die alle „eigne Einnahme entbehrlich machte; wenn er „aber hinzusetzt, er hätte es auch nicht gewün„schet, indem es besser sey zu darben, als sein „Brodt aus der Hand einer Frau zu nehmen, und „S. 98. schreibet, eine sehr reiche Frau wür„de seine Thätigkeit vielleicht erstickt haben, so kann man sich nicht enthalten, an den Fuchs in der Fabel zu gedenken, der die Weinbeere, die er nicht erreichen konnte, für sauer und unreif ausgeben wollte.

Aus allen seinen S. 83. — angeführten Heirathsversuchen leuchtet der Grundsatz gar zu deutlich hervor, welcher den großen Haufen zu regieren pfleget: O cives, cives, quaerenda pecunia primum est. Virtus post nummos. Horat.

Er fragt nicht, ob eine ihm vorgeschlagene Person verständig uud tugendhaft sey, ob sie eine gute Hauswirthin, eine rechtschaffene Mutter,

eine

eine treue Freundin zu werden Hoffnung mache. Das sind Kleinigkeiten, die ihn nicht bekümmern. Geld ist die Losung, wenn es nur mit einem erträglichen Aeuserlichen vereinigt sey. So muß freilich ein Mann denken, der gerne eine hübsche Equipage halten möchte, S. 90. „und der bekennet, er sey nicht gewohnt, sich „auf die äusersten Bedürfniße einzuschränken, und „fühle sich unglücklich, wenn er nicht in Woh„nung, Kost, Kleidung, Gesellschaften u. s. w. „seinem Stande gemäß, d. h. wie andere seines „Standes zu leben vermöchte. Diese seine öko„nomische Lage habe ihn zu allen Zeiten zurück „gesetzet, und sey die Ursache sowohl seiner allzu„frühen und allzuhäufigen Schriftstellerei, als mancher andern Zeitverderblichen und auf Erwerb abzielenden Unternehmungen geworden. S. 31.

Verdient nicht ein solcher Freier in seiner Geldhoffnung betrogen zu werden, oder eine reiche Frau zu bekommen, die ihm nichts in die Hände giebt, und ihn mit Pufbohnen füttert? wie solches der Hr. D. bald selbst mit der Schellhasen erfahren hätte. Es ist sehr zu vermuthen,

daß

daß er bei allen diesen offenherzigen Geständnissen die Absicht habe, seinen Lesern unvermerkt die Gedanken beizubringen: Ein Mann, der seine eigne Schwäche so aufrichtig schildert, muß doch wohl die Wahrheit sagen, wenn er sich über seine Frau beschweret, und sich als einen unglücklichen Ehemann beschreibet? was ihn aber bewegen vorzugeben, er habe nie eine eigentliche Geschlechtsliebe empfunden, S. 84. 98. kann ich nicht errathen.

„Ich hätte, sind seine Worte S. 84. das „ärmste Mädchen genommen, wenn sie mir eine „leidenschaftliche Liebe hätte einflösen können. „Aber es ist sonderbar, daß dies in meinem Le„ben nicht geschehen ist.

„Ich habe mit so manchen Schönen „einen freundschaftlichen Umgang gehabt, „habe so manches Frauenzimmer in Leip„zig und Erfurt innig geliebet, aber ich „bin auch nur auf der niedrigsten Stufe der „Leidenschaft gewesen. Die feurige, unzerstörbare, die ganze Seele einnehmende Liebe habe

ich

„ich nie gekannt ꝛc. Eigentlich verliebt bin ich „nie gewesen, und natürlich liegt wohl die Ur„sache darinn, daß ich gar keiner Leidenschaft „empfänglich bin. Ich kann im Zorn, im Kum„mer gewiß nicht, in der Freude bis an die „Grenze der Leidenschaft kommen, aber es ist „ein Moment. Im Augenblick ist alles vorüber. „Zu fortdaurenden heftigen und berauschenden „Empfindungen hat meine Seele keine Stim„mung.

Wie ein Mann, dem es an Welt und Menschenkenntniß nicht fehlt, solche Dinge behaupten kann, ist mir unbegreiflich. Man lacht mit Recht über die alten Stoiker, die sich rühmten, alle Leidenschaften mit Füßen getreten zu haben. Diese gaben doch zu, daß sie der Leidenschaften empfänglich wären, und prahlten nur mit ihren Siegen über selbige, und man soll es dem Hrn. D. glauben, daß er ein vollkommener Mystiker oder Quietist sey, der doch selbst gesteht, daß ihn seine Leidenschaft oft so gewaltig eingenommeh, daß er darüber die Regeln der Klugheit vergessen.

Man lese das Beispiel seiner Gemüthsbewegung, als er den Ruf nach Giesen erhielt, S. 137. 138.

Er eifert selbst mit Recht, obgleich zur Unzeit, S. 118. über manche neumodische Romane, welche junge Gemüther verleiten, sich von Allem übertriebene Vorstellungen zu machen, und hier offenbaret er Begriffe von Leidenschaften, welche aus eben diesen unreinen Quellen geschöpft seyn. Muß denn eine jede Leidenschaft feurig und unzerstörbar seyn, die ganze Seele einnehmen, heftige fortdaurende und berauschende Empfindungen würken? oder mit andern Worten, ist sie keine Leidenschaft, wenn sie nicht bis zur höchsten Stufe steiget, und alle Vernunft und Ueberlegung verdränget? Sind denn Zorn, Kummer, Furcht, Freude u. s. w. keine Leidenschaften, wenn sie wieder vergehen und nicht Monate oder Jahre lang fortdauren? Sind sie keine Leidenschaften, wenn sie keine Wuth, keine Verzweiflung, keinen Unsinn und Selbstmord verursachen? Ich hätte wohl Lust den Hrn. D. zu fragen, ob er in Marschlinz bey der Ueberlegung seiner traurigen und in Ansehung der Zukunft so mißlichen Lage, die er S. 350 beschreibet, nur an die Grenze des Kummers gekommen, oder ob er sich nur von weitem der Furcht genähert, als er auf seiner Flucht von Heidesheim sich hinter einen Schweinstall verkroch?

Was die Liebe ins besondere betrift, glaube ich gerne, der Hr. D. sey nie ein empfindsamer Geck gewesen, der den heiligen keuschen Mond angebetet, wie manche Romanschreiber ihre empfindsamen Schwärmer und Schwärmerinnen vorstellen. Ja wenn er allenfalls behaupten wollte, er habe nie eine vernünftige und tugendhafte Liebe empfunden, so will ich darüber nicht mit ihm streiten. Aber, daß er nie verliebt gewesen, ist zu viel. Wenn er es auch sonst nicht gewesen, welches ich an seinen Ort gestellt seyn lasse, so wurde er es, als er seine Ehegattin zum erstenmale erblickte.

Dritter Abschnitt.

Herr D. Bahrdt hat seine Frau aus Liebe geheirathet und sich in ihrem Besitz höchst glücklich geschätzt.

Der erste, der wichtigste Bewegungsgrund, welcher den Hrn. D. antrieb, sich um meine Schwester zu bewerben, war nach seinem eigenen Geständniß eben derselbe, welcher bei seinen Heirathsversuchen alles entschied: Geld. Er hatte von dem jungen Heinsius gehöret, sie besitze 6000 Thlr. baares Geld und sey wohl gebildet. Zaudern, Ueberlegen, Fragen, Forschen, war seine Sache nicht. Er hatte ausgerechnet, 6000 Thlr. trügen jährlich 300 Thlr. Zinsen, mit diesen nebst 100 Thlr. Besoldung, den Schriftstellerischen Erwerb ungerechnet, könnte er an einem so wohlfeilen Ort wie Erfurt sehr wohl leben, und nun fing er an zu glauben, es sey doch würklich besser $\frac{3}{4}$ des täglichen Brodts aus der Hand einer Frau zu empfangen, als zu dar-

darben. Schnell hatte seine Phantasie Schönheit und Geld aufgefaßt, und (man sehe hier den Mann ohne Leidenschaften,) es der Vernunft aufs Leben verboten, ihm ja nichts von Bedenklichkeiten und Schwierigkeiten einzuflüstern. Unglückliches Verbot! Seine Vernunft würde ihm gesagt haben, was er selbst schon erfahren, daß es dem gemeinen Gerücht gewöhnlich sey, das Vermögen eines unverheiratheten Frauenzimmers für gröser als es würklich ist, auszugeben. Sie hätte ihm den guten Rath ertheilet, er müße sich bei seinem ehemaligen Lehrer und Herzensfreunde, dem Herrn Superintendent Reinhold in Mühlhausen näher erkundigen, und dieser würde ihm geantwortet haben, die Person, auf welche er seinen Anschlag gemacht, sey in allen andern Absichten eine schätzbare Parthie, aber ihr Vermögen sey so ansehnlich nicht, als es die gemeine Sage vorstellete, und ein groser Theil davon stünde auf einer gefährlichen Spitze.

Er erfuhr solches nachher von diesem würdigen Mann, aber zu spät, als die Liebe sein Herz

 schon

schon gefesselt, und die Geldbegierde auf die Seite geschoben hatte.

Wie glücklich wäre die gute Frau gewesen, wenn er ihre eigentlichen Vermögensumstände eher erfahren, als er sie gesehen. Es hatte ihr in ihrem Witwenstand nicht an annehmlichen Bewerbern gefehlet, aber eine sonderbare Furcht, die sonst junge Witwen sehr selten beunruhiget, die Furcht zum zweitenmal eben so bald als das erstemal Witwe zu werden, hatte sie bewogen, alle Anträge dieser Art mit ihrer gewohnten Höflichkeit abzulehnen. Sie hätte doch endlich wohl ein glücklicheres Loos gezogen, wenn die unerforschlichen Wege der göttlichen Regierung sie nicht zu der schweren Prüfung berufen hätten, die sie jetzt erfahren muß, und der Hr. D. hätte auch wohl endlich eine reiche Frau in seinem Netze gefangen, oder wäre darinn wohl selbst gefangen worden.

So aber besiegte ihn die Liebe in dem ersten Augenblicke, da er sie sahe, wie er S. 102 bezeuget. Nur darinn irret er sich, wenn er um seiner Eigenliebe ein kleines Opfer zu bringen vorgeben will, ihre Gegenliebe sey eben so schnell entstanden und so hoch gestiegen. Sie hatte keine so zunderhafte Seele. Sie nahm den in seinem Wagen angebotenen Platz nicht so gleich an, und die Freundlichkeit, mit der sie ihm auf der Treppe begegnete, war so unbeschreiblich nicht, wie sie ihn das Vergrößerungsglas seiner Eigenliebe vorstellete. Sie war ihr eben so natürlich und gewohnt, wie er von der Seinigen S. 125 rühmet. Sie hatte sich auch geweigert, den in seinem Wagen angebotenen Platz anzunehmen. Mit einer ganz unbekannten Mannsperson sich auf die Reise zu begeben, schien ihr bedenklich, weil sie wuste, daß man dem Lästerer nicht Raum geben müße. Aber ihr Schwager redete ihr diese Bedenklichkeit aus, indem er sie versicherte, Hr. D. Bahrdt sey kein Jüngling mehr, und sie hätte keinen Tadel zu fürchten, wenn sie ihn begleitete. Daher wurde sie bei seiner Gegenwart bestürzt und zitterte ein wenig, nicht aus sympathetischer Liebe, sondern weil sie an ihm einen würklichen Jüngling fand, und ihr Versprechen nicht wieder zurück nehmen konnte.

Der Hr. D. empfand jetzt eine Liebe, die ihm sonst ganz fremd gewesen, eine ehrerbietige Liebe, die eine ungewohnte Macht an ihm bewieß. Die so freie und nach seinem eignen Geständniß] der Frechheit so nahe kommende Aufführung bei Frauenzimmern war verschwunden, auch so gar die unschuldige Munterkeit des Geistes wurde unterdrücket. Der so lebhafte Mann saß als eine Bildsäule im Wagen, und seine Begleiterin mußte nach einigen vergeblichen Versuchen ihn zum Reden zu bringen, eben diese Rolle spielen. So hatte ihn der Liebesgott nicht bethöret, wie er S. 103 schreibet, sondern klug gemacht, und ihn gelehret, daß er dieser Person ganz anders, als er gewohnt war, begegnen müsse, wenn er seine Absicht bei ihr erreichen wollte.

Er offenbarte diese Absicht schon auf der Reise nach Mühlhausen einem Freund, bei welchem sie einkehreten, und ließ sie bald deutlicher merken. Er suchte alle Gelegenheit mit ihr in Gesellschaft zu kommen, und es war leicht einzusehen, daß seine Besuche bei mir und ihren Mühlhäusischen Freunden etwas mehr als blose

Höflichkeit wären. Diese nähere Bekanntschaft hatte auch bei ihr einen Eindruck gemacht, welcher durch eine Predigt, die er in Mühlhausen gehalten, und dabei er seine so vorzügliche Gaben zeigte, nicht wenig verstärkt wurde. Indessen ob ihm dieses gleich nicht ganz verborgen blieb, hätte er so viel gute Lebensart, daß er sie nicht mit einem mündlichen Antrag übereilen wollte. Er bat sich nur aus, sie wieder nach Gotha begleiten zu dürfen, und sie hatte Gelegenheit seine Höflichkeit zu erwiedern, da ihr Schwager Helmbold sie beide in seinem Wagen dahin zurückbrachte. Auch auf dieser Reise erklärte er sich nicht. Er wartete, bis er nach Erfurt zurück gekommen, und that alsdann seinen Antrag schriftlich; wobei er zugleich ihren Schwager D. Arnold ersuchte, sein Fürsprecher zu werden. Dieser wurde es auch, und auf sein Zureden antwortete sie, daß sie seinen Antrag sich zur Ehre schätze und nicht abgeneigt sey, ihn anzunehmen, wenn sie die Einwilligung ihrer Mutter erhielte, ohne welche sie keinen so wichtigen Schritt ihres Lebens thun würde. Er suchte diese Einwilligung in einem sehr höflichen und ehrerbietigen Schreiben, und sie wurde ihm nicht versaget. Auf sein wiederholtes Bitten gab ihm nun meine Schwester das förmliche Jawort, und sie empfand, schämte sich auch nicht, es zu gestehen, daß sie ihm mit ihrer Hand auch ihr ganzes Herz zugewendet. Wer konnte sie deswegen tadeln, oder einer Uebereilung beschuldigen? Man denke sich einen jungen blühenden Mann, dessen angenehmes Wesen einen jeden in der ersten Viertelstunde bezauberte, eines berühmten und vornehmen Mannes Sohn, einen Mann, der in einem ansehnlichen Amte stand, und dessen vorzügliche Gaben die gegründete Hoffnung machten, er werde sich von einer Ehrenstufe zur andern emporschwingen, welches Frauenzimmer ihres Alters und Standes würde einen solchen Mann ausgeschlagen haben?

Hätte sie seine Erfurtischen Bekanntschaften so gut gewust, als er sie selbst beschreibet, so würde sie wie jener Pfarrer, mit dem er seine Lust haben wollte, aber so fein von ihm abgeführet wurde (S. 33.) Noscitur ex socio, obgleich nur auf Deutsch gedacht haben, und sehr unschlüßig geworden seyn; und hätte sie und ihre Mutter die Leipziger Geschichte, die ihn sein dortiges Amt zu verlassen nöthigte, geglaubt, so würde selbige eine unüberwindliche Einwendung gewesen seyn, die alle Unterhandlungen sogleich abgebrochen hätte. Beide hatten die alten und richtigen Begriffe von den Pflichten des 6ten Gebotes. Beide waren noch so wenig aufgeklärt, daß sie glaubten, die Keuschheit sey eine unentbehrliche Tugend des männlichen sowohl als des weiblichen Geschlechts, und beide waren geschworne Feindinnen alles unzüchtigen Wesens. Aber beide verleitete auch hier ihr gutes Herz, daß sie diese Begebenheit nicht glauben konnten, sondern für ein von seinen Feinden ausgesprengtes Gerücht hielten, wie es ihr denn auch in der That nicht an einiger Unwahrscheinlichkeit fehlte.

Indessen erneuerte sich dieses Gerücht, so bald die Verlobung öffentlich erklärt worden, und Jedermann sprach davon als von einer ausgemachten Sache, an der niemand zweifeln könnte. Man wünschte der Braut Glück mit einem bedeutenden Achselzucken, oder mitleidigen Blicken, ja einige ihrer vertrauten Freundinnen sagten ihr gerade heraus, sie zweifelten dieser Ursache halben sehr, ob sie ein glückliches Loos gezogen. Nun wurde sie unruhig, und fing an zu überlegen, ob nicht, wenn diese Geschichte wahr wäre, der Mann, den seine geistliche Würde nicht hätte von einer so niedrigen Ausschweifung abhalten können, ein Mann von sehr starken und unbändigen Leidenschaften seyn müße, und ob wohl ein Mann von unbändigen Leidenschaften zu einem guten Ehegatten Hoffnung mache. Aber die gute Ueberlegung kam hier etwas zu spät. Die Liebe hatte ihr den Rang abgelaufen, und die gute Braut fest überredet, diese so verhaßte Geschichte sey eine bloße Verläumdung, *) und dadurch hatte sie sich in ihrem Her-

*) Sie hat sie auch nicht eher geglaubet, bis er sie selbst im ersten Theile seiner Geschichte gestanden. Noch vor zwei Jahren wollte sie mich überreden, der unschuldige Mann sey blos durch die Cabale seiner Feinde überlistet und gefället worden. Seine in diesem Stück bewiesene Offenherzigkeit würde

Herzen so stark verschanzet, daß die Ueberlegung die Belagerung aufheben und abziehen mußte. Sie wurde auch auf ihrem Rückzuge noch von einigen leichten Truppen verfolgt: Wie kann „es möglich seyn, daß ein so verständiger und „auf Ehre haltender Mann sich so weit hätte ver„gessen können? Wie unbillig würde es seyn, „ihn auf ein bloses Hörsagen zu verurtheilen, da

de so groß nicht seyn, wenn er diese Vergehung für das, was sie würklich ist, für ein grobes Verbrechen hielte. Aber davon ist er sehr weit entfernt. In seinem Kirchen- und Ketzerallmanach nennet er es mit dem sanften Namen eines Jugendfehlers, und in seiner Moraltheologie schreibet er, die Regenten hätten die schönste Gelegenheit, die Rechte der Menschheit zu begünstigen, und würden wahre Wohlthäter des menschlichen Geschlechts werden, wenn sie alle auf die natürliche Befriedigung des Geschlechtstriebes gesetzte Strafen aufhüben. Wer überleget, was dieses auf gutdeutsch heiße, der wird leicht einsehen, daß der Hr. D. wegen seiner Leipziger Begebenheit in seinem Gewißen nicht sehr beunruhiget werden könne.

„man nicht weiß, was er zu seiner Recht„fertigung anzuführen habe? Vielleicht ist „dieses erneuerte Gerücht blos eine Würkung „der bösen Welt, die so gerne den Saamen der „Zwietracht zwischen angehenden Eheleuten ein„streuet. Würde ich ihn nicht auf eine auffallen„de Weise beschimpfen, mich selbst der üblen „Nachrede aussetzen, und ein sich mir darbieten„des Glück thörichter Weise verscherzen, wenn „ich wegen einer so ungewißen Sage zurückgien„ge. Die Sache aufs Schlimmste genommen; „ey nun man sagt ja, daß die Thoren mit Scha„den klug werden, wie vielmehr wird ein so ver„nünftiger Mann seinen Fehler eingesehen, be„reuet und sich gebessert haben? Diese Betrachtungen, gegen welche sie bei kaltem Blute noch sehr vieles eingewendet hätte, wurden durch die Liebe so verstärket, daß der Ueberlegung alle Lust vergehen mußte, einen neuen Angriff zu wagen.

Der Hr. D. hatte auf seiner Seite Ursachen auf eine baldige Vollziehung des geschloßenen Bündnisses zu dringen, die man leicht aus dem angeführten errathen wird, und er wuste so gute von seinem Amt und Hauswesen hergenommene Gründe anzuführen, daß ihm sein Gesuch gewähret, und die Hochzeit einige Wochen nach der Anwerbung den 29sten Jun. 1769 in Erfurt vollzogen wurde.

Meine Schwester wurde daselbst von ihren gegenwärtigen würdigen Schwiegereltern mit aller erwünschten Achtung und Liebe aufgenommen, und erhielt auch bald den Beifall aller, mit denen sie bekannt wurde. Selbst die Busenfreundin des Hrn. D. Bahrdts, welche im Anfange sehr verächtlich von ihr urtheilte und sie ein hysterisches Weib nennte, mit welcher nichts anzufangen sey, S. 121. konnte ihr in der Folge ihre Hochachtung nicht versagen, und bewarb sich eifrig um ihre Freundschaft, die sie auch, so weit es die große Verschiedenheit der Charaktere verstattete, erhielt. Der Hr. D. war mit seiner Ehegattin vollkommen zufrieden und gegen jedermann ihres Lobes voll. Er schätzte sich glücklich, daß ihm seine vorher gegangenen Heirathsversuche nicht gelungen wären, er könnte, wie er sagte, Gott nicht genugsam danken, daß er ihm eine Frau von gesunsundem Verstande bescheret, und ihn nicht mit einer empfindsamen oder gar mit einer gelehrten Thörin heimgesucht habe. Oft erwähnte er gegen seine Freunde, es sey ihm schwer, sich nur auf einen Augenblick von ihr zu entfernen, und er pflege deswegen in ihrem Zimmer zu arbeiten, welches er ihr jetzt S. 124. als eine gnädige Herablassung anrechnen will, da er doch wohl weiß, wie oft sie ihn gebeten, diese Gewohnheit zu ändern, und selbst im Sommer sich auf den Saal begeben habe, damit er desto ungestörter studieren könnte.

Damals würde er es als eine große Beleidigung aufgenommen haben, wenn man von ihm vermuthet hätte, er schätze und liebe sie weniger, nachdem er ihr Vermögen nicht so groß befunden, als er erwartet. *) Sie fragte ihn einstens, wie ihm zu Muthe seyn würde, wenn Alter oder Kran-

*) Er schreibet S. 115. von verheißenen 6000 Thlr. Ist wohl ein Schreibfehler, und soll gehofte heißen. Denn, wer hatte sie ihm verheißen? Heinsius?

Krankheit ihre wenigen Reitze wegnehmen würden, und ihr alsdann nichts als ihr gutes Herz übrig bliebe, und erhielt die vernünftige und einem rechtschaffenen Manne so anständige Antwort: Ihr gutes Herz sey sein schätzbarstes Gut, bei welchem er alles andere leicht vergessen würde. So ist er 18 Jahre lang gegen sie gesinnt gewesen. Nie ist ihm in dieser Zeit der mismuthige Gedanke eingefallen, er sey nicht glücklich verheirathet. Nie hat er sich einen Schatten des Misvergnügens über sie merken lassen, sondern bei aller Gelegenheit erkannt, wie viel er seiner Frau zu verdanken habe, deren Liebe und Treue ihm manche bittere Stunde versüße. Zum Beweise, daß er ihr stets diese Gerechtigkeit wiederfahren lassen, darf ich mich nur auf das Lied berufen, welches er an ihrem Geburtstage, nachdem sie von einer gefährlichen Krankheit genesen war, im Namen seiner Kinder verfertiget.

Freunde stimmt das Herz zu Freuden,
Nehmet Theil an unsrer Lust,
Nach den Tagen harter Leiden
Schwillt von Wonne unsre Brust.

Un-

Unsre Mutter lag darnieder,
Unser Vater war betrübt.
O wie schweigen da die Lieder,
Wenn das leidet, was man liebt.

Gott wie froh, wie voll Entzücken
Stammlet Dank dir unser Mund!
Diesen Tag recht zu beglücken
Machtest Du sie uns gesund.

Laßt den Tag sich oft erneuen,
Der uns solche Freude schuf,
Sich an Eltern Wohl erfreuen,
Ist der himmlische Beruf.

Segne Gott der Mutter Leben,
Das sie für uns Kinder lebt.
Segne Gott des Vaters Streben,
Der in Sorg und Arbeit webt.

Vierter Abschnitt.

Erdichtete Schwachheiten und Untugenden, welche Hr. D. Bahrdt seiner Frau aufbürdet.

Seit dem die oben gemeldete große Verwandlung mit dem Hrn. D. Bahrdt vorgegangen, suchet er seine so lange geschätzte und geliebte Ehegattin in ein von jeher ganz unausstehlich Weib zu verwandeln. „Mein glückliches Tem„perament, schreibt er S. 117. ich meine die „herrschende Stimmung zur Frölichkeit, hätte mir „alles ersetzt, was mir durch getäuschte Erwartun„gen abgegangen war, (6000 Thlr. die er mit ihr „zu bekommen gehoffet) wenn meine liebe Dame „nur besser mit mir gestimmt hätte. Aber es „zeigten sich leider sehr bald verschiedene Mistö„ne, welche die Harmonie des Lebens zu stören „begannen.

„Mein Weib hatte ein vortrefliches Herz, „und liebte mich bis zur Anbetung. Aber sie „hatte gewiße Bedürfniße, die so stark waren, „daß sie mit der größten Aufmerksamkeit al„les beobachtete, was ihr nur einen entfernten „Schein gab, daß ihr das mit der Zeit verrin„gert werden könnte, was zur Befriedigung je„ner Bedürfniße so nöthig war, und was sie auf „keine Weise verringert sehen wollte. Mit die„ser Aengstlichkeit ihres Herzens war eine gewiße „ungewöhnliche Reitzbarkeit ihres Nervensystems

„na-

„natürlich verbunden, so daß sie alles auf das „Schnelleste und Lebhafteste empfand, und folglich „durch heftige und leidenschaftliche Empfindun„gen oft nutzenlos gequält und beunruhiget wurde. „Und dabei hatte ihr noch zum Unglück die Mut„ter Natur eine feurige und lebhafte Phantasie ge„geben, welche die Romanenlektüre vollends er„hitzt hatte, so daß sie alles, was sich in der „wirklichen Welt ihr unangenehmes ereignete, „mit der idealischen Welt vermengte, und die „Dinge, die sie wahrnahm, besonders aber die „widrigen, so kolossalisch, so ungeheuer sich vor„stellte, daß sie weit heftigere Eindrücke auf ihr „Herz machen mußten, als sie der Natur und „der Wahrheit gemäß hätten machen sollen. Ein „wichtiger und noch wenig erwogner Grund, wa„rum man jungen Mädchen besonders die Roma„nen wie Gift aus den Händen reißen sollte.

Nachdem er diesen physisch moralischen Krankheitszustand glücklich erfunden, und mit allerley Dichterfarben, Reitzbarkeit des Nervensystems, Romanlektüre, idealischer Welt und kolossalischen Vorstellungen ausgeputzet, wird es ihm nicht

schwer,

schwer, sich als einen sehr geplagten und aus-nehmend geduldigen Ehemann zu schildern, der alles vergebens versuchet, um sein Weib zu beruhigen. Ohngeachtet, schreibt er S. 123. mein „liebreiches und zärtliches Betragen mein junges „Weib wieder aufheiterte; so fiel sie doch immer „wieder Stundenlang in ihre Traurigkeit zurück. „Und dieser Zustand wurde jedesmal da am auf-„fallendsten, wenn wir in einer Gesellschaft ge-„wesen waren, wo ein kokettes Weib mit mir ge-„scherzt, oder allzunatürliche Gespräche ihr ban-„ge Ahndungen verursacht hatten.

„Ich that alles, fährt er fort, dieser Krank-„heit Einhalt zu thun. Ich blieb so viel möglich „zu Hause. Ich gab verschiedene Gesellschaften „auf, wo ich Personen bemerkt hatte, die sie „beunruhigten. Ich besuchte selbst das Bollman-„nische Haus seltner als sonst. Im Hause ver-„doppelte ich meine Zärtlichkeit, und suchte ihr „zu zeigen, daß sie mir werth sey. Ich brachte „den ganzen Tag bei ihr zu, und gewöhnte mich „in demselben Zimmer zu arbeiten, welches sie „bewohnte. Und vor Vergnügungen sorgte ich,

„so viel es meine armselige Kasse nur zulassen „wollte ꝛc. Kurz, ich erschöpfte meinen Eifer, sie „vergnügt zu machen, und alle Besorgniße aus „ihrer Seele zu entfernen.

„Doch konnte ich meinen Wunsch nicht voll„kommen erreichen. Ich durfte nur durch anhal„tendes Studieren einmal meine Stirn zu sehr „gefaltet haben, oder bei den oft unbesonnensten „Störungen, durch welche sie mitten aus dem „tiefsten Nachdenken mich herausriß, einmal „ein wenig auffahren, oder meine Zärtlichkeiten „durften nur zufälliger Weise einen Anstrich von „Trägheit erhalten; so war sie schon wieder rück„fällig.

„Am meisten fühlte sie sich bekümmert durch „meine außerordentliche Freundlichkeit ꝛc. Sie „verwandte kein Auge von mir, wenn fremde „Personen zugegen waren, und fühlte nun bei „jedem Lächeln, bei jedem auf ein anderes Auge „gehefteten Blicke, bei jeder Artigkeit, die ich „jemanden sagte, und vollends bei jedem Kusse, „den ich gab oder annahm, allemal einen Stich

„ins

„ins Herz, der ihre ganze Seele durchdrang. „Da deuchte ihr, als wenn ein Theil ihres „kostbaren Eigenthums, dafür sie mich ansahe, „verloren ging. S. 124. 125.

„Und so konnte ich mit aller Mühe es nicht „vermeiden, daß ihre Krankheit nach und nach „zunahm, und gar bald anfing, mir das Leben „sauer zu machen ꝛc. So wie ihre **Krankheit** „zunahm, so nahm meine **Duldkraft** ab ꝛc. „Ich ward des ewigen Bittens und Zuredens „müde. Ich ward der beständigen Aufmerk- „samkeit müde, die ich auf meine Augen, auf „meine Worte, auf meine Geberden, zu Hause „und in Gesellschaften verwenden mußte. Ich „ward der Zärtlichkeiten müde, weil sie nie „hinreichen wollten, die unruhige Seele zu be- „ruhigen. Und doch setzte ich, müde und mismü- „thig, alles fort, um mir keinen Vorwurf zu ma- „chen zu haben.

Es wäre wohl Unglücks genug, wenn Je- mand mit einer so eifersüchtigen Frau gestraft würde, und man könnte denken, der Herr

D. hätte sich an dieser Erdichtung begnügen können.

Aber die Eifersucht schien ihm noch nicht hinlänglich, alle Untugenden daraus herzuleiten, womit er seine Frau belästigen wollte. Er mußte noch eine Quelle ihrer Unausstehlichkeit suchen, und nie suchet ein Dichter vergebens. Der Hr. D. findet sie in dem Stolze seiner Frau auf eine, nach seiner Denkungsart, sehr unerhebliche Tugend. „Ein Irrthum so schreibt er S. 127. hatte ihr „Herz besonders irre geführt. Sie war stolz auf „ihre Tugend und sie war es mit Recht, aber sie „verstand unter **Tugend** nichts anders, als was „man freilich oft mit dem Worte, **weibliche** „**Tugend** andeutet, nehmlich die Strenge in „Vermeidung aller ausserehelichen Zärtlichkeiten :c. „Und eben dieser Irthum, der sie verführte, in „der Strenge der Sittsamkeit die höchste Tugend „zu suchen, hatte folgende nachtheilige Wir„kungen.

„Erstlich diese, daß ihr Bestreben nach Werth „und Achtung und Liebe **unvollständig** wurde,

„in:

„indem sie alle andere Mittel verabsäumte, und „sich einbildete, durch ihre sogenannte Tugend „allein die liebenswürdigste und verdienstvollste „Person zu seyn. Daher war sie unbesorgt, „ihren Geist zu vervollkommnen, und durch Verstand zu gefallen. Daher verzieh sie sich den „äussersten Grad von Bequemlichkeit und Arbeitsscheu u. s. w. (Dieses u. s. w. soll vermuthlich den Lesern die Freiheit geben, so viel, als ihnen beliebt, hinzuzusetzen.)

„Zweitens beurtheilte sie mich dadurch falsch. „Denn sie maß mich allein nach ihrem Ideale, „und vergaß meine Arbeitsamkeit, mein gefälliges Wesen, und alles andere Gute an mir, „und seufzte beständig nur darüber, daß ich ihr „Ideal nicht erreichte, und im Werth so weit un„ter ihrer Erwartung blieb. Sie ward dadurch „drittens im höchsten Grade intolerant gegen alle „Menschen. Sie verurtheilte und verabscheute „oft die würdigsten Personen, wenn sie gegen „ihre Tugend fehlten. Und wenn ein Weib die „beste Erzieherin ihrer Kinder, die arbeitsamste „Hausfrau, die vollkommenste Wirthin, kurz

„alles war, was sie als Weib seyn konnte, und „sie merkte die geringste Koketterie an ihr, so „war sie in ihren Augen ein unwürdiges Weib, „und sie konnte sich nicht enthalten, ihr Mißfal„len laut zu erklären.

„Dies brachte eine vierte Folge hervor. Weil „diese ihre Strenge aus allen ihren Mienen, und „Reden allzukral hervor leuchtete; so wurde man „in den meisten Gesellschaften scheu gegen sie, „und sahe sich durch ihre Gegenwart genirt, weil „man jedes Wort und Miene auf die Wage le„gen mußte, um nicht gegen ihre Tugend zu ver„stoßen, und von ihr verurtheilt zu werden. „Denn sie war im Stand, eine Zweideutigkeit „öffentlich zu rügen, und mir wohl selbst eine „kleine Freiheit laut zu verweisen.

„Und diese Scheu, die sie erzeugt hatte, ver„ursachte hernach, daß man in manche Häuser „mich allein einladete, und sich ihr ganz entzog, „welches denn gegenseitig ihren Verdacht gegen „mich vergrößerte, und ihren Mismuth immer „lastender für sie, und immer fühlbarer für mich

„mach-

„machte. S. 129. Das alles störete unsere eheliche „Eintracht nicht. Es raubte mir wenigstens „meine Ruhe und Zufriedenheit nicht, aber es „erweckte doch bei mir den wider meinen Willen „aufsteigenden Gedanken, daß ich nicht glücklich „geheirathet hätte.

„Nun muß auch diese neue Quelle noch wei„ter fließen. Alles, fährt er fort, ist natür„liche und nothwendige Folge! Wenn eine an„fangs reitzende Sache erst von einer einzigen „lastenden Seite anfängt zu misfallen; so kom„men bald mehrere zum Vorschein, die man vor„her gar nicht bemerkt hatte. So hatte die **Ei„fersucht** meiner jungen Frau mir die Augen erst „geöfnet, daß ich nun auch **andere Unvollkom„menheiten** bemerkte, die ich vorher gar nicht „beobachtet hatte.

„Ich fand eine große Neigung zum Putz, „und eine oft kindische **Eitelkeit.** Ihr Kopf „war beständig damit beschäftiget, wie ihr dieses „und jenes kleiden würde, oder wie sie das oder „jenes Kleidungsstück anschaffen wolle. Und lei-

„der brachte dieses wieder andere üble Folgen her„vor. Denn es konnte nicht anders kommen, „als daß ihre Wünsche sehr oft unbefriediget „blieben, weil meine Armuth mich nöthigte zu „sparen, und sie dadurch misvergnügt wurde. „Daher entstand der Vorwurf: **An mir sparst „du.** Und nun folgerte sie abermals, wie aus „tausend solchen unverschuldeten Umständen, daß „ich sie nicht mehr liebte, daß ich sie nicht so ach„tete, wie ihre Tugend es verdiente.

„Folgen über Folgen! So oft wiederkeh„rende Gedanken, „mein Mann liebt mich nicht — „nicht mehr so wie anfangs — er setzt mich zu„rück," machen **hypochondrisch.** Diese Hypo„chondrie oder Verstimmung der Seele ward bald „auch **körperlich.** Kindbetten nahmen die Kräfte „mit, und machten das schwache und reitzbare „Nervensystem noch schwächer und reitzbarer. „Täglicher Kummer trug auch bei, die Gesund„heit zu untergraben. So ward mein Weib mit „der Zeit verstimmt, und nörglicht.*) Alle Klei-

nig-

*) Ein Obersächsisches Provinzial Wort, welches nicht leicht in einer andern Sprache mit einem

Worte

„nigkeiten, die bei Kindern und Gesinde vorfie-
„len, machten sie empfindlich und aufgebracht.
„Sie hatte so nach alle Augenblicke mir etwas
„zu klagen.

„Gewohnheit über alles zu nörgeln, macht
„immer aufmerksamer auf Ursachen und Be-
„rechtigungen zum Nörgeln. So lenkte sich bei
„meinem Weibe auch die Aufmerksamkeit auf sie
„selbst. Wenn ihr ein Finger wehe that, eine
„kleine Uebelkeit zustieß, wenn ihr der Kopf
„wehe that, alles kündigte sie seufzend an, und
„sprach so lange davon, als es dauerte. Oft
„klagte sie noch, wenn das kleine Uebel längst
„vorüber war. Nach ihren Reden hätte man
„sie für beständig krank halten müßen. Oft klagte
„sie auch nur, um Schonung zu verdienen, und
„Mitleid zu erregen. Man sahe sie zuweilen
„nach den rührendsten Schilderungen ihres Krank-
„heitszustandes sich zur Mahlzeit setzen, und mit
„dem besten Appetit die vollste Ladung einnehmen.

Worte auszudrücken. Es schließet in sich ewiges Tadeln, Zanken, Schmälen und Klagen über unbedeutende Dinge.

„Nichts, setzet er hinzu, ermüdet mehr „als üble Laune, und nichts empört mehr als „grundloses Klagen und Nörgeln, es sey ihm „also immer schwerer worden, seine Duldsamkeit „zu behaupten, und endlich habe die herzliche „Liebe, die alles leicht macht, weichen müssen. „S. 133.

„Man opfere sich wohl für einen Gegenstand „auf, an dem man erhabene Verdienste wahr„nehme. Aber wo hätte er die Kraft hernehmen „sollen, da ihm die Augen, welche die erste Lie„be verblendet gehabt, immer weiter aufgingen, „und er immer mehr Unvollkommenheiten seiner „Frau, besonders einen überaus **schwachen Geist** „entdeckt hätte. Auch wenn sie bei guter Laune „gewesen, wäre sie ihm ungeniesbar, ja gar be„schwerlich geworden. Ihre Gespräche hätten „gar keine Unterhaltung, ihr Scherz nicht ein „Fünkchen Witz gehabt. Wenn sie z. B. eine „drollichte Sache hätte beschreiben wollen, wäre „Frikassee a la Brasch ihr Lieblingsausdruck „gewesen, bei welchem sie allemal gelacht, daß „einem die Ohren hätten gellen mögen. S. 135.

„Nun

„Nun macht er aus allem diesen den pathe„tischen Schluß: Ich mußte wirklich alle meine „Besonnenheit und Gutherzigkeit in Spannung „setzen, um dieses im höchsten Grade schwache, „und alles um sich her verscheuchende Geschöpf, „wegen seiner wirklich tadellosen Tugend, und „unbeschreiblich feurigen Liebe zu mir, zu ertra„gen, und meinen Mismuth zu unterdrücken, „oder doch nicht merklich werden zu lassen. Und „ich denke, man wird diese Duldsamkeit, welche „immer mit dem äusserlichen liebreichsten Wesen „begleitet war, und nun schon achtzehn Jahre „von mir behauptet worden ist, um so seltner „und verdienstlicher finden, wenn man erwägt, „daß ich bei diesen ehelichen Lasten, die meine „glückliche Laune zu zerstören drohten, lebens„lang die sauersten Arbeiten, und beständiges „Anstrengen des Geistes erdulden, und zugleich „mit Nahrungssorgen, und tausendfältigen Krän„kungen habe kämpfen müßen, welche Feinde „und Verfolger mir verursachten.

Da haben wir nun den geplagten Hiob, den geduldigen Socrates. Die böse Frau, man sollte sie verklagen, Gellert.

sollen nun die Leser denken. Aber die seine jetzige Lage kennen, wißen es besser, und die von seinen gegenwärtigen Umständen nicht unterrichtet seyn, werden ihr Mitleiden in Unwillen verwandeln, wenn sie den bekannten Grundsatz gelten lassen: Man muß auch den andern Theil hören.

Fünfter Abschnitt.

Allgemeine Bemerkungen über den obigen eingeschalteten Roman.

Der ganze eingeschaltete Roman von den unausstehlichen Mängeln der Fr. D. Barthin ist kunstmäßig genug eingerichtet. Wäre die zum Grunde gelegte, aus verdorbenem Leib und Seele entspringende schreckliche Eifersucht etwas wahrer, so würde alles übrige, was er daraus herleitet, wahrscheinlich, und mehr als wahrscheinlich seyn. Aber so ist das Ganze einem Karten Hause, das die Kinder bauen, ähnlich. Man darf nur mit einem Finger den Grund berühren, so fällt es zusammen. Ehe ich dieses thue, muß ich erst einige allgemeine Bemerkungen machen.

Die

Die erste Bemerkung. Kann es wohl der Einsicht des Hrn. D. entgehen, daß er zu viel fordere, wenn er verlanget, man solle ihm alles auf sein bloßes Wort glauben? Die Fehler und Schwachheiten, die er seiner Frau aufbürdet, sind unerwiesen, und unerweißlich. Es ist ihm unmöglich, einen **gründlichen** Beweiß davon zu führen, und Zeugen kann er auch nicht aufstellen, indem er ausdrücklich bezeuget, er habe seine eheliche Last achtzehn Jahre lang ganz allein getragen, und sich gegen Niemanden etwas davon merken laßen. Eben so unmöglich ist es seiner Frau, alles **gründlich** zu widerlegen, da es gröstentheils Dinge sind, die sich zwischen Mann und Frau zugetragen, und worüber kein Zeugenverhör statt findet. Der Frau ihr **Nein** muß hier so viel gelten als des Mannes **Ja.** Hat er denn den bekannten Grundsatz vergeßen: **Wenn Verklagen zureichet, wer wird unschuldig seyn?**

Die andere Bemerkung. Gesetzt, er habe die Wahrheit auf seiner Seite, wozu sollte es dienen, die Unvollkommenheiten seiner Frau der Welt gedruckt vorzulegen? Dadurch sollte doch wohl weder die Aufklärung, noch die Entthronung des Fanatismus, diese seine so oft gerühmte, und ihm am Herzen liegende Absichten befördert werden. Wollte man etwa sagen: die Geschichte des Hrn. D. sey doch dadurch um einige Bogen verlängert, worden, und ein jeder Bogen werde ihm sehr gut bezahlt; so würde man ihn sehr beleidigen, und sich dem lieblosen Urtheile nähern, welches sein ihm sehr misfälliger Geschichtschreiber D. Pott von ihm S. 301. fället; Er sey vermögend sich selbst zu pasquilliren, wenn ein Honorar von vier Lovis d'or für den Bogen dabei zu verdienen wäre.

Die dritte Bemerkung. Der Hr. D. eifert gewaltig über Intolerans und Verfolgung, wenn er Widerspruch findet. Wird er aber nicht selbst höchst intolerant gegen seine arme Frau, die, wie er selbst gestehet, so viel rühmliche Eigenschaften besitzet, wenn er ihre Schwachheiten, gesetzt, daß solche etwas würkliches wären, der Welt offenbaret, und sie der Verachtung Preiß giebet. Hätte die gesunde Vernunft, die ihm S. 126, sagte: „Es ist dein Weib, es ist Krank-

„heit-

„heit, sie kann nichts dafür, der Grund ist die „reinste Liebe zu dir, es ist Nervenschwäche, und Mangel hellen Geistes, du musts ertragen; hätte sie ihm nicht auch sagen müßen, du musts verschweigen? Konnte sie ihn nicht erinnern: Es sey einem rechtschaffenen Mann unanständig, die Fehler seiner Frau auch nur einem vertrauten Freunde ins Ohr zu sagen, und noch viel unanständiger, selbige in einer gedruckten Schrift auszuposaunen. Verständige Leser werden daraus den Schluß machen: Er müße sehr unlautere Absichten haben, und dieses wird ihm schon zum voraus die ganze Erzählung verdächtig machen. Sie ist auch erst auf dem Weinberge oder in seiner Gefangenschaft ausgebrütet worden, und vorher hat er selbst nichts davon gewußt, oder geglaubt. In der That, wäre seine Frau das gewesen, wofür er sie ausgeben will, sein Widerwille würde nicht so lange haben unterdrückt werden können, sondern würde gar bald mit der ihm gewöhnlichen Heftigkeit ausgebrochen seyn. Er ist nicht der Mann, der einen Kummer im Herzen verschließet, er gehört vielmehr zu denen, die laut denken. Geduld und Nachgeben ist auch seine Sache nicht, wenn er nicht durch eine überlegene und furchtbare Macht, wie in Marschlinz dazu gezwungen wird.

Sechster Abschnitt.

Falsche Beschuldigung der Eifersucht.

Eifersucht ist die Hauptuntugend, mit welcher Hr. D. Bahrdt seine Frau belästiget. Er verstehet darunter keine Nacheiferung, welche man zuweilen mit dem Worte Eifersucht bezeichnet, oder eine Beneidung der Vorzüge eines andern, sondern er nimmt es in dem gewöhnlichen Verstande, da es einen ungegründeten Argwohn verletzter ehelicher Treue bedeutet, und zwar nicht einen flüchtigen und vorübergehenden, sondern tief eingewurzelten und beständigen Argwohn. In diesem Verstande wird die Eifersucht mit Recht unter die verhaßten Laster gezählet. Um seine Frau noch schwärzer abzubilden, sucht er die ihr angedichtete Eifersucht aus einer sehr schimpflichen Quelle herzuleiten, nemlich aus ihren so starken Bedürfnißen, welche sie ängstlich besorgt gemacht, es würde das, was zur Befriedigung dieser Bedürfniße nöthig wäre, mit der Zeit verringert werden, und was sie doch auf keine Weise verringert sehen wollte. Er merket wohl, es sey zu grob und zu pöbelhaft, wenn er gerade heraus sagte, sie sey ein unersättlich geiles Weib gewesen, er müsse diesen Vorwurf in etwas feinere Ausdrücke einkleiden.

Wäre ich nicht überzeugt, daß er diese bittere Beschuldigung selbst niemals geglaubt, so würde ich antworten, er sey in den gemeinen Fehler verfallen, andere nach sich selbst zu beurtheilen. Sie hat in ihrem fünfjährigen untadelichen Wittwenstande, in der Blüte ihrer Jugend genugsam bewiesen, daß ihre Bedürfniße dieser Art nicht so stark seyn konnten, und daß es ihr sehr leicht worden, mit Hülfe der Vernunft, Religion, und gewohnter Sittsamkeit sich ihre Befriedigung zu versagen.

Wie glücklich würde der Hr. D. gewesen seyn, wenn er seine ungleich stärkere Bedürfniße dieser Art eben so gut hätte einschränken können? Doch ich will hier den Vorhang zuziehen.

Eben so hämisch erdichtet ist die vorgegebene ungewöhnliche Reitzbarkeit ihres Nervensystems, welches sie mit heftigen leidenschaftlichen Empfindungen oft nutzlos gequälet, ihre von Natur feurige und durch Romanenlektüre noch mehr erhitzte Phantasie, die ihr eine besondere idealische Welt in den Kopf gesetzet, und sie verleitet, sich alles besonders das widrige als kolossalisch und ungeheuer vorzustellen. Wer siehet nicht, daß er mit diesem romanhaften Schwulste nichts anders sagen wollte, als daß seine Frau eine empfindelnde Närrin gewesen, die einen sie anbellenden Hund für einen Löwen, und eine ihr entgegen springende Maus für ein Rhinoceros hätte ansehen können.

Dergleichen Vorgeben ist keiner Widerlegung werth.

Doch muß ich etwas von der angeschuldeten Romanenlektüre sagen, wider welche er mit allem Rechte, aber hier zur Unzeit eifert. Die jetzt so sehr herrschende Lesesucht, welche bei vielen eine besondere Art des Müßigganges wird, ist nie die Krankheit meiner Schwester gewesen. Ihr geschäftiger und thätiger Charakter bewahrete sie dafür, und wenn sie in Erholungsstunden oder bei einer Arbeit, die sich mit Lesen und Denken vereinigen ließ, ein Buch ergriff, so waren es Meiers Wochenschriften, Richardsons Werke, Gellerts und Rabeners, oder andere nützliche und lehrreiche Schriften, welche der Hr. D. doch wohl nicht zu denen rechnen wird, die man jungen Mädchen wie ein Gift aus den Händen reissen müße. Das Zeitalter ihrer Jugend war auch so glücklich, daß man Werthers Leiden, Siegwarts Geschichte, Herford und Clärchen, und anderes mit empfindsamen Unsinn strotzendes Geschmiere noch nicht kannte. Der deutsche Juvenal war auch noch nicht vorhanden.

Der vermeinte Beweiß, welchen der Hr. D. von dieser erdichteten Eifersucht führet, beweiset

set gerade das Gegentheil. „Der erste Ausbruch, „schreibet er S. 119. dieses moralisch=physischen „Krankheitszustandes, welcher mich in eine trau„rige Bekanntschaft damit setzte, ereignete sich in „dem Bolmannischen Hause.

„Ich mußte natürlich meine junge Frau in „allen den Häusern präsentiren, in welchen ich „bisher Freundschaft und Güte genoßen hatte. „Wir machten also auch der Bolmannischen Fa„milie einen Besuch, und wurden sogleich zu „einem Schmause eingeladen. Ich hatte leider „unterlassen, mein liebes Weib ein wenig vorzu„bereiten, weil es mir nicht eingefallen war, daß „sie, die in der großen Welt gelebt hatte, durch „diese Erscheinung würde alterirt werden. Aber „Gott seys geklagt, es entstand mehr als Altera„tion. Der Hr. D. irret sich hier gewaltig, indem er seine Frau nach sich selbst beurtheilet. In einer solchen Welt, wie er das Bolmannische Haus S. 8. 9. beschreibet, war sie nie gewesen, und wäre sie einmal zufälliger Weise hineingekommen, würde ihr dieses Unglück nicht zum zweitenmale begegnet seyn. Man könnte hieraus

aus schließen, der Hr. D. müsse bisher ein grosser Fremdling in der gesitteten Welt gewesen seyn, wenn er die im Bolmannischen Hause herrschende Lebensart für den bon ton oder die Lebensart der großen verfeinerten und aufgeklärten Welt halten konnte. Ueber den hinzugesetzten Seufzer: **Gott seys geklagt!** mag ein jeder selbst die sich darbietenden Anmerkungen machen. Weiter in der erbaulichen Geschichte: „Madame Bolmann kam „uns mit hoch aufgelegten, ganz nackenden (das „heißt, nicht einmal durch einen Busenstreif be„deckten) Brüsten, mit ein paar feurigen und fun„kelnden Augen ganz in Rosaseide gekleidet, mit „Ellenhohen Schwungfedern theatralisch ausstaf„firt, schon an der Hausthüre entgegen; und sie „flog, indem Herr Bollmann meine junge Frau „umfaßte, und küssen wollte, in meine Arme „und druckte mich einige Minuten lang so fest an „sich, daß es schien, als wenn sie mich mit ihren „Küßen ersticken, und mein Gesicht in ihren „Busen begraben wollte.

„Hier war mein junges Weib der Ohnmacht „nahe. Der plumpe Angriff des Herrn Kam-

„merraths, und weit mehr noch die schreckliche „Karessen, die seine Dame mir machte, hatten sie „so heftig und so plötzlich erschüttert, daß ihre „Knie wirklich anfingen zu wanken, und sie am „ganzen Leibe sichtbar zitterte.

„Sie hatte indessen noch so viel Besonnen„heit und Faßungskraft, die Ursache ihres so auf„fallenden Anblicks zu verhelen. Und da sie die „ganze Zeit, welche wir in dieser Gesellschaft zu„brachten, traurig blieb, und man an ihr ab„wechselnde Blässe, und Röthe des Gesichts, ein „konvulsivisches Fippern der Lippen, und Zittern „der Finger bemerkte, so kam man endlich auf „den Gedanken, daß dies ihr gewöhnlicher Zu„stand sey, ohne zu errathen, daß blos die Ge„sellschaft ihn erzeugt hatte. Madam Bolmann „zog mich auch bald auf die Seite, und raunte „mir die Worte ins Ohr: Bartchen, du hast „gefreit wie ein Schafskopf. Was willst du „ums Himmels willen, mit diesem histerischen „Weibe machen?

„Ich

„Ich wußte nicht, was ich sagen sollte. Mir „war die Erscheinung neu, und unerklärbar. Und „ich konnte ohnmöglich die fortwährende Trau„rigkeit meiner Frau für Folge der Eifersucht „halten, da ich selbst mit der größten Behutsam„keit gehandelt, und alle sonstige Freiheiten so „sorgfältig vermieden hatte, daß Herr Bolmann „alle Augenblicke mir vorwarf, daß ich heute den „Ehrbaren affektire. (Man kann hieraus schlies„sen, wie er sonst sich zu betragen gewohnt ge„wesen.)

„Wir giengen des Abends betrübt nach Hau„se, und ich brannte vor Begierde, von meiner „Dame zu erfahren, was sie heute so auffallend „verändert hätte. Aber ich konnte kein Wort aus „ihr herausbringen. Sie machte, da wir allein „waren, ihrem Schmerze Luft, und brach in ei„nen Strom von Thränen aus, ohne mir die „Ursache ihres Kummers zu sagen. Laß mich, „lieber Mann, es ist nichts: beunruhige dich „nicht: alte Grillen sind mir beigefallen, deren „ich mich heute nicht erwehren kann: sie werden „schon wieder vergehen. Das war alles, was „sie mir gestehen wollte.

„Ich muß hier nicht vergeßen, zu erinnern, „daß das am Ende der acht Tage sich zutrug, „die mein guter Vater bei mir zubrachte. Dieser „war also mit in der Gesellschaft gewesen. Und „durch ihn gingen mir einigermaßen die Augen „auf. (sie müßen sehr fest verschloßen gewesen „seyn.)

„Er selbst errieth die Ursache der schnellen „Veränderung meines Weibes nicht. (Er errieth sie mehr als zu wohl, aber für eine Folge der Eifersucht konnte er sie vernünftiger Weise nicht „halten.) Er fing des andern Morgens an, seine „Bemerkungen über die gestrige Gesellschaft zu „machen, und sein Mißfallen an dem frechen Ton „zu bezeugen, der in dem Bolmannischen Hause „eingeführt war, und den man selbst in seiner „Gegenwart nicht im mindesten herabgestimmt „hatte. (Der Hr. D. vergißt hier wohl bedächtig, daß ihn sein Herr Vater nachdrücklich gescheuret, und ihn ernstlich ermahnet habe, sich diesem Hause und der Gesellschaft cynischer Schweine zu entziehen.) „Bei diesem Gespräch entfiel meiner lieben Frau unversehens eine Thräne, die ich

„be-

„bemerkte. Und nun schoß mir der Gedanke ein, „daß es bei ihr nichts anders als schwermüthige „Besorgniß gewesen war, daß ich in diesem Hause „zu mehr als wörtlichen Unanständigkeiten ver„führt werden sey, oder doch noch verführt werden könnte. (Dies mußte sie denken oder sie hätte ein Klotz seyn müßen, der gar nicht denken kann; eben dieses dachte sein würdiger Vater, ohne auf seinen Herrn Sohn eifersüchtig zu seyn.)

Ich frage hier einen jeden verständigen Leser, dem die Menschen und ihre Leidenschaften nicht ganz unbekannt sind, ob er in dieser Geschichte eine im hohen Grade eifersüchtige Person, oder mit den Worten des Hrn. D. eine Frau, bei welcher die Eifersucht ein moralisch = physischer Krankheitszustand ist, erblicke, oder ob er nicht vielmehr eine tugendhafte und zärtlich liebende Ehegattin antreffe, die ihren verirrten Mann mit Sanftmuth auf den verlaßenen Weg der Wohlanständigkeit wieder zurückzubringen suchet.

Was würde wohl ein in so hohem Grade eifersüchtiges Weib, wie meine unschuldige Schwester von dem Hrn. D. ausgeschrieen wird, bei einem solchen Auftritte gedacht und gethan haben, wenn ihr Mann von einem Weibe, wie er die Bolmannin beschreibet, auf eine solche Art wäre empfangen worden, zu der nur die allerfrechste Nymphe eines Venustempels vermögend ist. Was für Schlüße würde sie aus dieser so starken als unanständigen Vertraulichkeit hergeleitet haben? Hätte sie auch noch so viel Herrschaft über sich selbst besessen, daß ihre Wuth in der Gesellschaft nicht ausgebrochen wäre, würde sie ihm nicht bei der Zuhausekunft die nachdrücklichste Strafpredigt gehalten haben? Würde sie ihm nicht die bittern Fragen vorgelegt haben? Ob er seine Leipziger Lebensart noch immer fort zu setzen gedenke? Ob er nicht einmal mit Schaden klug werden, und eine seinem Stand und Würde gemäße Aufführung annehmen wolle? Würde es nicht der erste Präliminarartikel des wieder hergestellten Hausfriedens gewesen seyn: Er müße das Bolmannische Haus, welches er selbst als einen wahrhaft moralischen Cloac beschreibet, und die in demselben sich versammlende de Heerde cynischer Schweine hinfort schlechterdings meiden.

Von dieser natürlichen und nothwendigen Wirkung einer wahren Eifersucht blieb sie weit entfernet, aber als eine tugendhafte Person mußte sie bei einem solchen Empfange erschrecken, daß sie ohnmächtig hätte werden mögen, sie konnte unter einer Heerde cynischer Schweine, oder in einer Gesellschaft nach der Beschreibung des Hrn. D. S. 12. in welcher Schaamhaftigkeit und Delicatesse unbekannte Dinge waren, wo stets die große Glocke geläutet, und oft eine Ehre darinnen gesucht wurde, wenn einer den andern an Unverschämtheit übertreffen konnte. In einer solchen Gesellschaft konnte sie nicht vergnügt, sie mußte traurig seyn, und es gereicht ihr zur Ehre, daß sie von einem solchen Weibe, als die Busenfreundin des Hrn. D., für hysterisch angesehen wurde. Sie hatte aber doch so viel Besonnenheit und Faßungskraft, die Ursache ihrer Traurigkeit in der Gesellschaft zu verhehlen, die eine eifersüchtige Frau gewiß nicht gehabt haben würde. Konnte man wohl mehr von ihr verlangen, da wo die Unempfindlichkeit unmöglich war? Wie konnte sie verwehren, daß ihr nicht der bekümmerte Gedanke eingefallen wäre, sie würde vielleicht glücklicher gewesen seyn, wenn sie dem Geringsten ihrer vormaligen Bewerber die Hand gegeben hätte. Indessen da geschehene Dinge nicht zu ändern waren, wußte sie sich dieses Gedankens bald wieder zu entschlagen. Aber das blieb ein am Herzen nagender Kummer, daß ihr Mann sich durch sein Betragen verächtlich mache, und der Welt Anlaß gebe zu denken, er werde sich von den Fesseln der Ehe nicht zähmen lassen, obgleich die Achtung und Liebe, die sie gegen ihn empfand, in ihrem eignen Herzen keinem solchen Verdacht Raum verstattete.

Es war ihre Pflicht diesen Kummer ihrem Manne merken zu lassen. Sagte sie es ihm denn in der Sprache der Eifersucht? Nichts weniger. Sie schwieg, als er auf dem Wege nach Hause in sie drang, um ihn vor der begleitenden Gesellschaft zu schonen. Sie machte ihrem Schmerz nicht eher Luft, als bis sie mit ihm allein war, aber nicht durch bittere Vorwürfe, die er so wohl verdienet hatte, sondern durch einen Strom von Thränen. Auch davon wollte sie die Ursache nicht deutlich erklären. Sie kannte ihren Mann schon so gut, daß sie wußte, eigentliche und deutliche Vorstellungen würden bei ihm nichts fruchten, sondern seinen Männerstolz, den er im ziemlichen Grad besaß, nur mehr empören, sie wußte aber auch, er sey kein Schafskopf, und werde die Ursache ihres Kummers leicht errathen, wenn sie nur einige Anleitung zum Nachdenken und Ueberlegen gäbe. Sie that dieses mit den Worten: Lieber Mann, u. s. w. Sie brauchte diese Worte als einen dünnen Flor ihrer nur gar zu gegründeten Besorgnisse, und hoffte, er würde ihn leicht durchschauen, und dieses geschahe endlich, als ihn sein würdiger Herr Vater ausscheuerte. Aber was half es? Die schwache Hoffnung, die er zu seiner Besserung machte, wurde bald vereitelt. Er klagt, seine Frau sey wohl zuweilen aufgeheitert worden, aber gar zu bald Stunden lang in ihre vorige Traurigkeit zurück gefallen, sobald nur ein kokettes Weib mit ihm gescherzet, oder Gespräche über allzunatürliche Dinge vorgefallen wären. S. 123. Bei

je=

jedem auf ein anderes Auge gehefteten Blicke, bei jeder Artigkeit, die ich jemanden sagte, oder vollends bei einem Kuße, den ich gab oder annahm, fühlte sie einen Stich ins Herz, der ihre ganze Seele durchdrang, schreibet er S. 125.

Mußte es denn nicht einer rechtschaffenen Frau, die ihren Mann ehrte und liebte, einen Stich ins Herze geben, wenn er sich durch unanständige Reden entehrte, und mit Liebäugeln, Tändeln und Küßen die niedrige Rolle eines süssen Herrn spielete, die man wohl einem jungen Schmetterlinge, aber keinem Doctor und Professor verzeihet.

Es hätte sich wohl der Mühe verlohnet, die verlohrne Sittsamkeit und mit derselben den verscherzten guten Ruf wieder zu erlangen. Seine Aufführung in Erfurt hatte ihm wie er S. 13. gestehet, vielen Schaden gethan, und seinen moralischen Charakter verdächtig gemacht. Wie konnte es anders seyn, nach der Abschilderung, die er S. 8-13. von sich selbst machet,

„Riedel führte mich in ein Haus ein, wel„ches damals das Lüsterste in Erfurt war. Man „fand da die beste Küche, die meiste Pracht, „den größten Aufwand, die zahlreichsten Gesell„schaften. Es war der tägliche Sammelplatz „derer, welche sich für die Inhaber der wahren „Gelehrsamkeit, des richtigsten Geschmacks, „des ächtesten Witzes, und des reinsten Patrio„tismus hielten.

„Aber nie habe ich ein Haus gesehen, wo „die Frechheit und Schaamlosigkeit so originell „sich gezeigt hätten. Ich war auch schon in „lustigen Gesellschaften gewesen und liebte sie: „aber hier war ich wie ein Kind, und ward auch „wie ein Kind behandelt. Man sah, daß der „Ton, der hier herschte, mir neu war, daß er „mich bestürzt machte, daß er mir ein Air von „Blödigkeit und Verlegenheit gab, und man „fand es daher nöthig, mich so lange zu hänseln, „bis ich in Oden gesetzt seyn, und mit der Ge„sellschaft gleichen Schritt zu halten gelernet ha„ben würde. Es bedurfte leider keiner langen Zeit, „denn ich war gelehrig.

„Bei

„Bei der ersten Einführung kam mir Mada„me Bolmann entgegen. Riedels Aufreissen „der Thüre und sein Geschrei: da habt ihr den „Teufelsbraten, und der Dame lautes Auflachen mit dem Zuruf: komm liebes Bardtchen, „wir haben uns lange schon auf dich gefreut, nebst „einem Kusse, gleich dem vollmäulichten Kusse „eines Freudenmädchens — war ein Moment. „Ich stand wie versteinert. Ich spannte meine „Besonnenheit an, um mich als einen Mann von „Welt zu zeigen. Ich trat hüpfend ins Zimmer. „Ich preßte mich, witzig zu seyn, Ich kriegte „die Dame beim Kopf und herzte sie. Aber alles „glich meiner ersten Predigt in Tauche. Man „sahe das Talent: aber auch die Jugend, die „Unerfahrenheit, den Mangel der Uebung. Ich „ward lächerlich, und Riedel sagte es der Dame vor „meinen Ohren: er muß erst noch werden: Sie „müßen Geduld mit ihm haben.

„Ich kam denselben Tag in einer Art von „Betäubung zu Hause. Ich hatte bisher in klei„nen kaufmännischen Zirkeln gelebet, und mir „war es jezt, als ob ich heute in die große Welt

„eins

„eingetreten wäre. Denn ich konnte nur, was „ich in Leipzig und Erfurt gesehen hatte, ver„gleichen. Also dachte ich, das sey der Bon„ton, und schämte mich, daß ich so verlegen er„schienen war, wie ein Mensch, der vom Dorfe „zum erstenmal in die Stadt kommt.

„Ich war in der ersten Zeit täglich im Bol„mannischen Hause, und mußte auf diese Art „meine natürliche Delikatesse und Schaamhaftig„keit verlohren gehen laßen. Denn der Herr Kam„merrath, den ich den zweiten Tag erst kennen „lernte, war vollends gar der General aller Cy„niker. Er fand mich, da er ins Zimmer trat, bei „seiner Dame sitzen, und kreelte mir (man denke sich eine Maschine von zehn Zoll und mit einem Domherrn Bauch) „sogleich eine Schweinerei entge„gen, die ich in meinem Leben nicht gehöret hat„te. Und die Dame, die mich erröthen sah, „lachte hoch auf und gab mir einen Kuß, daß es „klatschte.

„Mein Charakter verlohr übrigens in dieser „neuen Welt nichts: (das wird mancher dem Hrn.

„D. schwerlich glauben) aber mein äuserliches „Betragen bekam eine Farbe, die meinen Stand „nicht kleidete. Und wie konnte es anders kom„men? Ich habe fast drei Jahr in Erfurt gelebt „und beinah unausgesetzt in einem Zirkel, in wel„chem Schaamhaftigkeit und Delikatesse unbekann„te Dinge waren, wo stets die große Glocke ge„läutet, und oft eine Ehre darinn gesucht wurde, „wenn einer den andern an Unverschämtheit über„treffen konnte. Immer werde ich es bereuen, „daß ich hier die Erfahrung machen mußte, daß „die Gesellschaft die Sitten bestimmt. Mein Ohr „gewöhnte sich so sehr an Gespräche über Dinge, „die der Wohlstand zu erwähnen verbietet, daß „meine Phantasie von widrigen Bildern und „Worten überfloß, und mein Gefühl gegen alle „Häßlichkeiten dieser Art wurde dermaßen abge„stumpft, daß ich zuletzt völlig gleichgültig, und „das Reden und Hören solcher Natürlichkeiten „gewohnt wurde, und daher auch an andern Or„ten und in bessern Gesellschaften unvermerkt ih„ren Ton anstimmte.

„Ich habe Jahre lang an mir arbeiten müs-„sen, die Empfindlichkeit gegen Verletzung der „Delikatesse wieder herzustellen. Und der Scha-„de, den ich mir anfangs zuzog, daß man mir „eben so freie Handlungen zutrauete, wie man „meinen Witz fand, und daß meine Feinde da-„her Gelegenheit nahmen, meinen moralischen „Charakter verdächtig zu machen, dieser Schade, „sage ich, ist geblieben, ob ich gleich den Fehler „hernach erkannte, und floh, und obgleich selbst „damals mein gesellschaftlicher Ton nichts weni-„ger als der Maasstab meines Charakters und mei-„nes Lebens ward.

Siebenter Abschnitt.

Fortsetzung.

Wenn man auch dem Herrn D. zu gefallen glaubet, welches doch in der That so leicht nicht ist, daß sein Charakter in diesem moralischen Cloác nichts verlohren, und daß sein damaliger gesellschaftlicher Ton nichts weniger als der Maasstab seines Charakters und seines Lebens gewesen, so war es doch schon schlimm genug, daß er beides selbst verdächtig machte. Die Feinde, die er sich zugezogen, waren es nicht allein, welche diesen natürlichen und vernünftigen Maasstab gebraucheten. Sein moralischer Charakter muste auch seinen Freunden verdächtig werden, und wurde es in der That.

Selbst seine Busenfreundin Madame Bolmann warnete eines Tages meine Schwester, sie sollte ihrem Mann nicht zu viel trauen, und eben dieses gab ihr der Herr Hofrath Redeker sehr deutlich zu verstehen. Er hatte von einer Dame aus W. einen Besuch bekommen, und in den acht Tagen, die sie bei ihm verweilte, war Hr. D. Bahrdt sein täglicher Gast gewesen, der sich gemeiniglich erst um zwei Uhr in der Nacht nach Hause verfügte. Der Hofrath entschuldigte sich bei meiner Schwester, daß er sie zu diesen Schmausereien nicht eingeladen, indem es nur männliche Gesellschaft gewesen, der sich seine Frau selbst entzogen hätte, er sagte ihr zugleich, sie irrete sich sehr, wenn sie sich auf die eheliche Treue ihres Mannes zu stark verließe, und wurde fast empfindlich, da sie ihm dieses nicht zugeben wollte. Ja, Herr D. Bahrdt bekannte ihr nach der Zeit selbst, es sey ein Glück für ihn gewesen, daß sein Umgang mit dieser Dame durch ihre Abreise abgebrochen worden, er möchte sonst leicht so weit als es möglich gegangen seyn. Dem ungeachtet blieb sie von würklicher Eifersucht weit entfernet. Die Achtung und Liebe zu ihrem Manne beredete sie, alles nur blos auf die Rechnung des Leichtsinnes zu schreiben, ja so gar den sonderbaren Schluß zu machen: Ein Mann, der öffentlich solche Unanständigkeiten sich erlaubte, würde keine heimliche Schande begehen, weil ihn sonst sein böses Gewissen vorsichtiger und behutsamer machen würde, und da sie fand, daß alle ihre Versuche, ihn zu einem anständigern Betragen zu vermögen, vergeblich waren, wurde sie dagegen immer gleichgültiger und unempfindlicher; sie tröstete sich blos damit, daß die so viel vermögende Zeit ihn bessern würde, und glaubte nicht, daß Natur und Gewohnheit ihn so fest verstricket haben könnte. Sie erfuhr es, und stand auf dem Punkte, alle Hoffnung aufzugeben, als selbige durch seinen Ruf nach Giesen von neuem lebendig wurde.

Nun dachte sie, wird die neue geistliche Würde ihn zu einem ganz andern Manne machen. Er kommt nun aus den Zirkeln, die ihm so schädlich gewesen, heraus. Er kommt in eine andere Welt, wo sonder Zweifel mehr Wohlanständigkeit herrschen wird. Das Letzte war der Wahrheit vollkommen gemäß, aber die darauf gegründete Hoffnung fehlete.

Herr D. Bahrdt nahm diesen neuen Ruf mit Freuden an. Ob gleich schon damals in seinem Herzen der unversöhnliche Haß gegen alles, was Priester und Priesterreligion heisset, herrschte, welcher in der Folge das unzerstörbare Triebwerk seines ganzen thätigen Lebens wurde, S. 83. so war ihm doch die damit vereinigte Besoldung und Einkünfte aller Ehren werth, und er machte sich kein Bedenken, ein Priester und Lehrer der Priesterreligion zu werden, weil er sich dadurch aus der großen ökono-

mi-

mischen Verlegenheit gerissen fand, in welche er sich durch seine lockere Wirthschaft gestürzet hatte.

Er fand in Giesen eine viel bessere und gesittetere Welt, als die Erfurtische war, die er verließ. Der Gieser Ton war würklich tadellos. „Man lebte hier nicht steif und bigot, aber man „war auch durchaus von der Frechheit und Unverschämtheit entfernet, welche in einigen Erfurti„schen Zirkeln mode war. Man sahe nie ein „willkührliches und freies Herumküssen, sondern „es war höchstens erlaubt, beim Kommen und „Abschiednehmen sich zu embrassiren. Man hörte „nie eine eigentliche Unfläterei, und nur selten „kam eine verdeckte Zweideutigkeit zum Vorschein (vielleicht brachte er sie selbst hervor) und ward, „ob man sie gleich tolerirte, doch so schnell unter„drückt, daß sie nie einen herrschenden Ton an„geben konnte. Mit einem Worte, es herrsch„te in Giesen die wahre Sittsamkeit bei einem „freien und muntern Umgange. S. 162.

Hätte der Herr D. hier die Aufmerksamkeit auf seine Worte, Geberden und Handlungen, die ihm in Erfurt so bald zur Last wurden, nicht wieder hervor suchen, hätte er nicht die so nöthige Arbeit an sich selbst verdoppeln sollen, die Empfindlichkeit gegen Verlezungen der Delikatesse wieder herzustellen! Er beklaget sich, daß man ihn vor seiner Ankunft in Giesen als einen verabscheuungswürdigen Menschen ausgeschrieen, und rühmet, wie er so glücklich gewesen, durch seine erste daselbst gehaltene Predigt *) alle üble Eindrücke zu vertilgen, und sich eine fast allgemeine Liebe und Achtung zu erwerben. Beruhete nicht seine ganze Wohlfahrt darauf, diese vortheilhaften Eindrücke durch mehrere Ernsthaftigkeit und Sittsamkeit in seinem ganzen Betragen zu verstärken, und dadurch sein so hoch gerühmtes erlangtes Ansehen zu behaupten?

So

*) Eine in der That vortreffliche Predigt, wenn nur der Herr D. nicht selbst gestünde, daß seine Gedanken mit seinem Vortrage nicht übereingestimmet.

So weit aber konnte er sich nicht, daß ich sein eigenes Wort brauche, geniren. Er konnte aus dem gewohnten Geleise nicht heraus kommen; er gestehet selbst S. 163. daß ihm noch vieles von dem alten Sauerteige angeklebet, und daß er das noch sehr große Feuer seines Temperaments, und die Reste derjenigen Freimüthigkeit (soll wohl Unverschämtheit heißen) die er in Erfurt angenommen, noch lange nicht so weit gemindert gehabt, als es sein Stand erforderte. Mit einem Worte, der Doktor, Professor, Consistorialrath und Prediger in Giesen konnte es immer noch nicht lassen, bei Gelegenheit den süssen Herrn zu machen.

Hätte er es nicht seiner Frau Dank wissen sollen, wenn sie ihn durch die nachdrücklichsten Vorstellungen an die Pflicht erinnert hätte: Allen bösen Schein zu meiden, und dem Lästerer nicht Raum zu geben? Eine Pflicht, die der Herr D. doch wohl in seiner Sittenlehre deswegen nicht wird ausgestrichen haben, weil sie in der Bibel stehet. Sie that es, aber mit aller möglichen Sanftmuth und Liebe, und nur unter 4 Augen, wie man zu sagen pflegt.

Eine offenbare Unwahrheit ist es, daß sie in Gesellschaften gegen Ehemänner declamirt, welche ihre Weiber nicht achteten, und andere beliebkoseten und beküßten; daß sie laut gepredigt, es sey unanständig, wenn Weiber und Jungfern mit Mannspersonen badinirten, und sich bald die Hände drücken, bald küssen ließen, S. 162. Eben so grundfalsch ist es, daß sie im Hause des Herrn Geh. Rath Mollenbek eine so lange, und schreckliche Strafpredigt gehalten, daß die ganze Gesellschaft dadurch erschüttert worden, als er die jüngste Tochter, ein schönes und feuriges Mädchen bei der Hand genommen, und lebhaft, doch anständig mit ihr gesprochen. Am allerwenigsten ist ihm die grobe Unwahrheit zu verzeihen, daß sie auf die Frau des Herrn Canzler Koch, eine Mutter von 9 Kindern und die tugendhafteste Frau von der Welt, eifersüchtig gewesen.

Diese verehrungswürdige Dame war ihre beste und vertrauteste Freundin in Giesen, in deren Hause sie die vergnügtesten Stunden genoß. Eine ihrer grösten Freuden war es, daß sie und

ihr

Mann zu diesem würdigen Ehepaar einen so freien Zutritt hatten, und mit so vieler Gewogenheit von ihnen beehret wurden. Sie kann sich getrost auf das Zeugniß dieses vortrefflichen und von dem Herrn D. mit so vielem Rechte gerühmten Mannes berufen, daß sie oft gegen ihn geäusert, sie habe nicht das Mindeste über ihren Mann zu klagen, als daß er sein allzufreies Betragen in Gesellschaft nicht mäßigen, und seine Gesellschaftsbegierde nicht einschränken könne, indem das erste seinem guten Rufe, und das andere seiner Casse so nachtheilig wäre. Diese Klage war nur allzu gegründet, als daß sie deswegen einigen Tadel hätte fürchten müßen. Selbst die Frau Canzlerin und eine andere verständige und tugendhafte Freundin, die Fräulein von Rapp, erinnerte sie oft, es sey ihre Pflicht, ihrem Manne seine allzufreie und freche Aufführung in Frauenzimmer Gesellschaften abzugewöhnen, aber alle ihre desfalls angewendete Bemühungen blieben vergeblich. Doch stehet sie in den Gedanken, das ernstliche und wiederholte Zureden des würdigen Herrn Canzlers würde in dieser Absicht etwas

aus-

ausgerichtet haben, wenn sie noch ein Paar Jahre in Giesen geblieben wären.

Dem allen ungeachtet bleibet der Herr D. seinem Plane getreu, welcher erfordert, daß seine Frau auch in Giesen ein unerträglich eifersüchtiges Weib gewesen seyn soll; ja er lässet hier S. — die angedichtete Eifersucht zu einer solchen Höhe steigen, daß sie wäre verleitet worden, sich so gar gegen Mägde und Waschweiber zu beklagen: Ihr Mann liebte sie nicht mehr. Dadurch sey er als ein Wollüstling verschrieen worden, und die ausgestreute Lästerungen seiner Feinde hätten um so viel leichter Glauben gefunden. Die Klagen, welche er bei dieser Gelegenheit über die unbillige Beurtheilung seiner gesellschaftlichen Jovialität führet, sind lustig zu lesen, aber es ist schwer zu sagen, ob es Scherz oder Ernst sey. „Er schreibet S. 258. 259. Der Mann, dessen „Kraftaufgang *) man aus seinem Fleiße beinahe

*) Der Zusammenhang zeiget, daß es Kraftabgang heißen soll. Man saget wohl, der Mann läßet viel

„beinahe aufs Haar berechnen konnte, muste sich „Ausschweifungen nachsagen lassen, welche die „doppelte Summe von Kraft erfordert haben wür„den, welche notorisch von meinen Geistesarbei„ten aufgezehret wurde. Niemand war so mensch„lich, über die Demonstration meines eigenen Le„bens zu reflektiren, und den so nahe liegenden „Schluß zu machen: Der Mann, der in vier „Jahren bei einem Predigtamte und einer Pro„fessur soviel Fortschritte in eigner Aufklärung „thut, und soviel als Schriftsteller fürs Publi-

„kum

viel aufgehen, aber man sagt nicht, sein Vermögen werde einen großen Aufgang leiden: Ich kann nicht begreifen, warum der Hr. D. seine sonst so reine und fließende Schreibart mit so manchen, dem Sprachgebrauch zuwider laufenden Worten verunstaltet; eben so wenig, als was ihn bewegt, die vor so vielen Jahren glücklich abgeschafte Gewohnheit wieder einzuführen, unsere Deutsche Sprache mit Lateinischen und Französischen Worten zu spücken, die deswegen nicht Deutsch werden, wenn man sie mit Deutschen Buchstaben druckt.

„kum *) arbeitet, kann kein liederliches Leben „führen, kann aufs höchste einiger einzelen Thor„heiten fähig seyn; aber die Ausschweifungen, „deren man ihn beschuldiget, sind unmöglich. „So billige Richter fand ich nie, und mein gutes „tugendhaftes Weib (soll wohl eine feine Ironie „seyn, denn an ihrer Tugend war ihm wenig ge„legen, wie man bald vernehmen wird,) ver„scheuchte sie vollends mit ihren Klagen.

Warum suchte denn der Herr D. solche Richter, die sich so leicht Staub in die Augen werfen ließen, und wie kann er jemanden zumuthen, eine

so

*) Publikum; wenn auch der Herr D. bei seiner Schriftstellerarbeit mehr für seine Casse als für das Publikum sorgt, wie einige behaupten wollen, und er selbst an manchen Orten nicht undeutlich zu verstehen giebt, so bleibet doch das Geld, welches ihm der Verleger zahlet, nicht in seiner Casse verschlossen, sondern er setzt es in Umlauf, und also hat das Publikum den Genuß davon. Er kann also immer behaupten: daß er, wo nicht unmittelbar, doch mittelbar für das Publikum arbeite.

so mühsame Berechnung der fressenden Geisteskräfte und verschlungenen Leibeskräfte zu machen, die ungleich schwerer ist, als die Berechnung der Quadratur des Zirkels seyn würde.

Wer kann es denn bestimmen, wie viel Grade von Geisteskraft der Herr D. bei seinen Arbeiten angestrenget. Es ist bekannt, daß sich hier ein großer Unterschied unter den Menschen finde, und einerlei Geistesarbeit einem schwer, dem andern leicht werde. Ich rechne ihn zu der letztern Art, und finde es daher ganz unmöglich, genau zu bestimmen, wie viel Grade seiner Geisteskraft bei seinen Predigten, Vorlesungen und Bücherschreiben angespannet worden. In Ansehung seiner Fortschritte in eigner Aufklärung *) ist es eben so unmöglich. Ich wüste nicht, wie

*) Aufklärung heißt nach dem heutigen Sprachgebrauch nichts anders als Unglaube. Wer die geoffenbarten göttlichen Wahrheiten, und die darauf gegründete Christliche Religion verwirft, heisset aufgeklärt, er sey auch so dumm und lasterhaft, als er wolle.

wie ich einen widerlegen wollte, welcher behaup-tete, die sogenannte Aufklärung habe auch ihre Nachbeter, und es gehöre eben nicht mehr Kopf-brechens dazu, eine Wahrheit, die uns unbe-greiflich ist, zu verwerfen, oder einen alten Irr-thum wieder anzunehmen und aufzuputzen, als eine alte Mode wieder hervor zu suchen, und mit etwas neuem Firlefanz zu verbrämen.

Eben so wenig kann man die völlige Sum-me der Leibeskräfte wissen, welche der Herr D. besitzet, welches doch nöthig ist, wenn man aus-rechnen soll, wie viel die Geistesarbeiten davon aufgezehret, wie viel übrig geblieben. Etwas muß doch übrig bleiben, sonst würde leicht das Facit herauskommen, er könne nicht mehr leben. Nun muß auch nicht vergessen werden, wie viel von dem Kraftaufgang durch gute Mahlzeiten, ein gut Glas Wein, muntere Gesellschaft, ru-higen Schlaf, wieder ersetzet worden.

An die Bestimmung, wie viel Grade der Kraft zu den Ausschweifungen gehören, die er sich mußte nachsagen lassen, mag ich gar nicht gedenken.

Wir

Wir wollen nun annehmen, ein geschickter Rechenmeister siege über alle diese Schwierigkeiten. Er rechne aufs Haar aus, der Herr D. Bahrdt habe von seinen Geisteskräften angestrenget:

zu seinen Predigten	57/1000	Grade
zu seinen Vorlesungen	209/1000	—
zu Fortschritten in eigner Aufklärung	209/1000	—
zu Schriftsteller Arbeiten	326/1000	—
Summa	801/1000	—

Diese 801/1000 Grade der Geisteskraft hatte verhältnißmäßig verzehrt 801/1000 Grade der Leibeskräfte.

wären also übrig blieben	199/1000	—
Davon wären wieder ersetzet worden durch Essen und Trinken	51/1000	—
bliebe also dem guten Manne nicht mehr übrig, als	250/1000	—

oder ein Viertheil seiner Leibeskräfte.

Hätte diese Berechnung auch ihre völlige Richtigkeit, woran doch sehr viele zweifeln werden, so würde doch kein demonstrativischer, sondern nur ein wahrscheinlicher Schluß daraus hergeleitet werden können, und dieser nicht nahe liegende, sondern weit hergeholte Schluß würde auf der langen Reise so sehr ermüden, daß er bei seiner Ankunft gewaltig hinken müste. Man könnte ihn mit der einzigen Anmerkung übern Hausen werfen: Es gäbe auch unvermögende Wollüstlinge, und diese wären die ärgsten.

Der Herr D. würde billige Richter gefunden haben, wenn er den liebreichen Erinnerungen seiner Frau, und dem Rathe seiner besten Freunde gefolget wäre, und dabei den Menschen ihre gewohnte Art vom Aeußerlichen aufs Innerliche, von Worten und Reden auf den Charakter zu schließen, immer gelassen hätte. Er hätte das wilde Feuer seines Temperaments völlig dämpfen, den anklebenden Rest Erfurtischer Gewohnheiten völlig ablegen, und das seiner Würde anständige, ernsthafte und gesittete Wesen annehmen, und stets behaupten sollen, so hätte er billige Richter gefunden, die seine Frau, wenn sie auch das gewesen, wofür er sie ausgeben will,

wenn

wenn sie auch gewollt, nicht hätte verscheuchen können.

Er giebt ihr selbst das Zeugniß S. 257., sie habe ihn gegen jedermann den würdigsten und vortreflichsten Mann geheißen, und nie einer groben Ausschweifung beschuldigt S. 244.; und doch muß sie in Giesen nicht allein eifersüchtig bleiben, sondern auch immer noch eifersüchtiger werden, damit er seinem Plane zu Folge sie beschuldigen könne, sie habe ihm daselbst die glücklichsten Tage seines Lebens kummervoll gemacht.

Er geht so weit, daß er eine hitzige Krankheit, die sie in Giesen ausgestanden, aus der erdichteten Quelle der Eifersucht herzuleiten suchet. Sie hatte sich von einer ausgestandenen Krankheit noch nicht völlig erholet, als er sie zu einer Spazierfahrt nöthigte. Unterwegens befand sie sich schon so schwach, daß sie an allen Gliedern zitterte. Bald darauf überfiel sie ein hitziges Fieber, bei welchem sie einige Tage ihrer Besinnung nicht mächtig war, aber bald wieder gesund wurde.

Der Herr D. stellet sich bei der Erzählung dieses Vorfalls so verwunderungsvoll, als wenn er nie von einer hitzigen Krankheit und ihren Würkungen etwas gehöret hätte. Es wäre ihm etwas ganz unerklärbares gewesen und sey es noch. Er giebt einige Vermuthungen an, die ihm unzureichend scheinen: Geschwind schiebt er als im Vorbeigehen mit ein: Waren es Grillen der Eifersucht? Gott weiß es. S. 247.

Warum er diesen unbedeutenden Vorfall angeführet, und welchen Gebrauch er davon zu machen gedenket, wird sich in der Folge seiner Geschichte zeigen. Die Erzählung desselben hätte aber so gut wegbleiben können, als eine andere Geschichte ihrer Krankheit, welche der Herr D. sehr wohlbedächtig mit Stillschweigen übergehet.

Sie wurde einige Wochen nach einem Kindbette von der rothen Ruhr überfallen, die sie sich durch eine unversehene Erkältung zugezogen hatte, welche bald so sehr überhand nahm,

daß

daß jedermann, der geschikte Arzt selbst, an ihrem Aufkommen zweifelte. Ihr Eheherr hatte sich eine Lustreise vorgenommen, und ließ sich die tödliche Schwachheit seiner Frau nicht davon abhalten. Er gab dringende Geschäfte vor, und versprach des Abends wieder zu kommen. Er blieb 3 Tage aus, ohne zu sagen, wo er hin wollte, ohne zu melden, wo er gewesen, und sie erfuhr erst nach der Zeit, daß er sich in einer Entfernung von etlichen Meilen in der Gesellschaft einer feurigen Dame vergnüget, die in keinem guten Rufe stand.

So wie sein Plan erfordert, seine Frau stets in der Eifersucht zu erhalten; so vergißt er auch nicht, daß er in dem angenommenen Character eines geduldigen und höchst gefälligen Mannes bleiben müsse. Dieses geht so weit, daß er vorgiebt, er habe Giesen, wo es ihm so wohl gegangen, besonders auch deswegen verlassen, und den Ruf nach Marschlinz angenommen, weil er sich die Hoffnung gemacht, seine Frau werde daselbst keine Reizung zur Eifersucht finden und ruhig mit ihm leben, welches ihn in der Folge oftmals gereuet.

Ich habe selbst geglaubt, dieses sey ein übereilter und unüberlegter Schritt gewesen. Nachdem ich aber gelesen, was er von seiner mislichen Lage in Giesen schreibet, bin ich überzeugt worden, er habe den Ruf nach Marschlinz mit beiden Händen ergreifen müßen, als eine Wohlthat, die nicht zu gelegenerer Zeit kommen konnte. Wenn er schreibet, er hätte vielleicht über seine Feinde gesieget, oder allenfalls in den Königl. Preußischen Landen eine bessere Beförderung erhalten können, so ist es eine blosse Eingebung der Eigenliebe. Der grosse Friedrich war, wie bekannt ist, kein Freund der Christlichen Religion, von welcher ihn Voltaire abgewendet hatte. Aber er sahe es doch ein, und bekennet es in seinen Memoires; daß sie die vornehmste Stütze des Staats sey, und verlangte keinen öffentlichen Lehrer des Unglaubens; oder, wenn dieses Wort zu hart scheinet, des Tindalischen Christenthums, weder in der Kirche noch auf Academien. Dieses erfuhr Herr D. Bahrdt als er von Heidesheim flüchtete. Man gönnete ihm einen Aufenthalt in Halle, man erlaubte

ihm

ihm Vorlesungen zu halten, aber man untersagte ihm Theologische Vorlesungen, und machte ihn nicht zum Professor.

Der gehofte Sieg über seine Gegner war noch viel zweifelhafter. Es war vielmehr augenscheinlich, daß man ihn bedeuten würde, er müße sein Amt niederlegen, dessen Geschäfte und Pflichten er weiter beobachten weder könnte noch wollte. Er hatte in seiner vermeinten Aufklärung so grosse Fortschritte gethan, daß er kein Geheimniß daraus machte, er sey beinahe ein vollkommner Freigeist geworden, und scheuete sich nicht, die Grundwahrheiten der Christlichen Religion für Irrthümer, ja für abscheuliche und verdammungswürdige Irrthümer auszuschreien. Wie konnte er hoffen, ein Lehrer der christlichen Religion zu bleiben. Man konnte, man muste ihm ein Amt abnehmen, welches er nicht länger ohne ein Heuchler zu werden, verwalten konnte.

Und hatte er wohl Recht, sich darüber zu beschweren? Wir wollen den Fall setzen: Ein Fürst nähme einen Baumeister in seine Dienste,

 und

und verpflichte ihn mit einer reichlichen Besoldung, daß er über die öffentlichen Gebäude, Schlößer, Rathhäuser, Kirchen, rc. die Aufsicht führen, sie im baulichen Wesen erhalten, und wo es nöthig, sie ausbessern und verschönern sollte. Der Baumeister aber finge an die Grundsteine dieser Gebäude auszubrechen, und lasse sich deutlich merken, er habe Lust sie ganz niederzureissen, unter dem Vorwande, Fürsten könnten auch wie andere Menschen in kleinen Hütten wohnen, man könnte auf öffentlichen Marktplätzen das Recht sprechen, der Gottesdienst könne unter freiem Himmel oder in Wäldern gehalten werden; ja er mache so grosse Fortschritte in der aufgeklärten Baukunst, daß er einsehen lerne, es sey am besten Städte und Dörfer abzubrennen, die Menschen könnten im Sommer unter Zelten wohnen, und im Winter sich mit den Hamstern und Füchsen in die Erde graben, u. s. w. Hätte der Fürst nicht ein Recht, diesem Baumeister zu sagen: Ich brauche und besolde einen Baumeister, aber keinen Niederreisser: Hier habt ihr euren Abschied, und ihr könnet immerhin zu euren aufgeklärten Brüdern den Calmucken oder Hottentotten reisen,

und

und würde man nicht über den abgedankten Baumeister lachen müssen, wenn er über Neider, Feinde, Cabale, Intoleranz und Verfolgung schreien wollte? - Die Anwendung auf den Herrn D. Bahrdt ist leicht zu machen. Doch wieder zur Sache.

Der Herr D. Bahrdt verließ Giesen und reisete mit den besten Erwartungen erfüllet nach Marschlinz. Aber wie sehr sahe er sich in seinen Hoffnungen getäuscht. Er kam hier in ein wahrhaftiges Fegfeuer, und man muß in der That Mitleiden mit ihm haben, wenn man lieset, wie es ihm daselbst ergangen. Hier ward er so kurz am Zügel geführet, zu so vieler und saurer Arbeit angestrenget, mit so vieler gebieterischen Härte behandelt, daß ihm seine allzugrosse Munterkeit ziemlich vergehen mußte. Hier waren keine Schmausegesellschaften, keine, daß ich mich seines Wortes bediene, jovialische Freunde, unter welchen sein Erfurtischer Witz schimmern, keine Zirkel von jungen und feurigen Frauenzimmern, in welchen er den süssen Herrn spielen konnte. So mußte ja auch wohl seine

Frau alle Eifersucht vergessen? Nein das durfte sie nicht, sie muste auch in Marschlinz eifersüchtig bleiben. Ueber wen denn? Ueber Madame Baviere, diese so sehr begünstigte Freundin des Herrn von Salis.

Hier konnte sich meine Schwester des lauten Lachens nicht enthalten, als ich ihr diese Stelle vorlas. Ja, sagte sie, Madame Baviere fragte viel nach dem kleinen Curator, da sie bei dem grossen Minister so hoch angeschrieben stand, und mein Mann müste wahnwitzig gewesen seyn, wenn er mit ihr hätte schön thun wollen. Sie würde ihn häßlich abgeführet haben, und er hätte sein Unglück nicht übersehen können, wenn er bei einem so rachgierigen und herrschsüchtigen Manne, der ihn völlig in seiner Gewalt hatte, nur im geringsten in den Verdacht gekommen wäre, er wolle ihm ins Gehege gehen. Er würde ihn ohne Barmherzigkeit mit Vorenthaltung seiner Besoldung den Augenblick fortgejagt, oder wohl gar noch ärger gemishandelt haben. Dieses wuste mein Mann viel zu gut.

Wäre die Baviere nicht gewesen, so hätte sie auf die tugendhafte Fräulein Hortensia, ihre vertrauteste und einzige Freundin, die er selbst so billig rühmet, eifersüchtig werden müssen. Denn das muste sie seyn, sonst würde sein Plan eine zu grosse Lükke bekommen haben.

Hier endigt sich der 2te Theil seiner Geschichte, und ich kann nicht wissen, was seine Dichtkraft in Dirkheim und Heidesheim für Beweise ihrer Eifersucht suchen und finden werde. Vielleicht lässet er diesen moralisch-physischen Krankheits-Zustand daselbst ruhen, damit er in Halle desto heftiger ausbreche.

Er für seine Person hatte sich in Marschlinz etwas gebessert, und war in Heidesheim nicht mehr so frei und unbescheiden in Frauenzimmer-Gesellschaften, wie er sonst gewesen. Andere hatten ihn gewarnet, er würde sich und sein Philanthropin in übeln Ruf bringen, und diese Warnung machte ihn etwas vorsichtiger. Aber in Halle fing er wieder an, in der Rolle des süssen Herrn sich zu üben, ob er sich gleich dem 40ten

Jahre

Jahre näherte, wie das unter seinen 1781 heraus gegebenen Gedichten eines Naturalisten N. 11. befindliche Liedchen unwidersprechlich beweiset. *) Seine Frau war es auch schon gewohnt, daß

*) Ich will nur die 3 letzten Strophen dieses Liedchens hersetzen, welches eben ein solches Meisterstück ist, als das Chef d'oeuvre d'un Inconu welches D. Mathanasius mit hochgelehrten Anmerkungen heraus gegeben.

Uns laßt trinken, lachen, küssen
Freude weitert unser Herz;
Unsre Lasten zu versüssen
Leben wir bei Wein und Scherz.

* * *

Singen, Jubeln, Schnurren machen
Laßt uns bei frugalem Mal.
Ohne küssen, trinken, lachen
Ist das Menschenleben schal.

* * *

Nachbarliche Freundschafts Küsse
Männchen } sich doch Männchen } sich
Weibchen } Weibchen }
O wie schmekken die so süsse.

Pereat tuschur Pertrie (toujours perdrix) eine bekannte Anekdote von Ludwig XIV König in Frankreich.

daß sie es nicht mehr achtete, kein Wort darüber verlohr, und ihn nur in der Stille bedauerte, daß er seine Würde entehrte, und dem Lästerer Raum gäbe.

Achter Abschnitt.

Erdichteter Stolz der Frau D. Bahrdtin auf ihre Tugend, und dessen vorgegebene schädliche Wirkungen.

Die Eifersucht scheinet dem Herrn D. noch nicht zureichend, seine Frau recht schwarz zu machen. Er siehet sich nach mehrern Untugenden um, die er ihr aufbürden könne. Sie muß nun auch stolz seyn auf ihre Tugend, und durch diesen Stolz irre geführet werden.

Der Herr D. gestehet an mehr denn einem Orte, daß ihm ein tugendsam Weib bescheret worden, er macht aber ihre Tugend so klein und unbedeutend, als es nur möglich ist. Ihre Tugend, schreibt er, wäre blos das gewesen, was man die **weibliche Tugend** zu nennen pflege, die strenge Enthaltung von allen auserehelichen Zärtlich-

kei-

keiten, oder mit einem Worte, die strenge Sittsamkeit. Hier möchte ich den Herrn D. wohl fragen, ob er die Sittsamkeit nicht auch für eine männliche Tugend halte? Es scheinet fast, als ob er hieran zweifele, und die Unverschämtheit zu den Vorrechten des männlichen Geschlechts zähle. Ich will dieses nicht weiter untersuchen, weil es mich zu weit von meinem Zweck abführen würde. Daß Fr. D. Bahrdtin die Sittsamkeit in einem vorzüglichen Grade ausgeübet, und darinn nicht leicht von einer Person ihres Geschlechts übertroffen werden könne, ist wahr. Er bezeuget es selbst. Daß sie darauf stolz gewesen, ist falsch. Nach seiner Meinung konnte sie es mit Recht seyn, aber nach ihren bessern und gesundern Begriffen durfte sie es nicht seyn. Sie hielt es für ihre Pflicht.

Aus diesem erdichteten Stolze leitet nun der Herr D. viele eben so erdichtete schädliche Wirkungen her. Die erste: Sie habe sich eingebildet, wegen ihrer Sittsamkeit allein die vollkommenste Person ihres Geschlechts zu seyn. Daher habe sie unterlassen, ihren Geist zu vollkomm-

„kommnen und durch Verstand zu gefallen. Da„her habe sie sich den äusersten Grad der Bequem„lichkeit und Arbeitsscheu u. s. w. verziehen. Dieses u. s. w. soll dem Leser zu verstehen geben, er könne noch so viel Untugenden, als ihm beliebe, hinzusetzen.

Ich weiß nicht, ob der Herr D. mit der Nachläßigkeit in Verbesserung ihres Geistes das an ihr tadeln wollte, daß sie an seiner vermeinten Aufklärung keinen Theil genommen, und den Grundsätzen der Religion treu verblieben. Es wird sich bald Gelegenheit finden, mehr hievon zu sagen; aber daß er ihr Bequemlichkeit und Arbeitsscheu im höchsten Grade aufbürdet, ist eine so offenbare als unverantwortliche Verläumdung.

Der Herr D. rühmet sehr oft seine unermüdete Thätigkeit, und ich will ihm diesen Ruhm nicht streitig machen, ob ich gleich mit vielen andern wünschte, daß er sie in nützlichern Fächern bewiesen haben und beweisen möchte. Eben diese Thätigkeit ist eine von den Hauptstrichen

in

in dem Charakter seiner Frau, und man kann mit Wahrheit sagen, daß sie sich jederzeit in ihrem Wirkungskreise noch viel thätiger, als er selbst in dem Seinigen, bewiesen, und sich noch lange nicht so viele Erholungsstunden, als er, gemacht habe. Was fand sie nicht für eine lange und mühsame Arbeit mit seiner Wäsche, die in die größte Unordnung gerathen war? Ihre und auch seine Hauskleidung verfertigte sie größtentheils selbst, so wie in der Folge das meiste von den Kleidungen der Kinder. Er erinnerte sie oft selbst ihre Arbeitsamkeit zu mäßigen, und Arbeiter oder Arbeiterinnen zu Hülfe zu nehmen, aber sie antwortete, eine Frau könne zwar nichts verdienen, aber vieles ersparen, und dieses hielte sie für ihre Schuldigkeit.

Es ist etwas erstaunendes, daß sie sich von ihrem Eheherrn als ein im höchsten Grade bequemes und arbeitscheues Weib, d. h. ein faules Weib muß ausschreien lassen, da doch ihre Thätigkeit bei den zunehmenden Bedürfnissen ihres Hauswesens sich immer mehr verstärkte. Wie groß und rühmlich war nicht selbige in Heidesheim,

heim, wo ihr, zumal in der langen Abwesenheit ihres Mannes eine solche Last auf dem Halse lag? Wie unverdrossen besorgte sie nicht alles in den ersten Jahren ihres Aufenthalts zu Halle ohne Beihülfe einer Magd? Wie arbeitsam war sie nicht während seiner Gefangenschaft, um auf dem Weinberge alles in gehöriger Ordnung zu erhalten, so daß sie sich nicht selten des Abends für Ermüdung an allen Gliedern betäubet fand. Die Erholungsstunden, die sie bei seiner Anwesenheit am meisten wünschte, nemlich sich mit ihm des Abends nach vollbrachter Arbeit auf eine vergnügte und lehrreiche Weise zu unterhalten, wurden ihr selten gewähret. Im Sommer vertröstete er sie immer auf die langen Winterabende, aber wenn diese kamen, brachte er sie mehrentheils außer Hause zu.

„Die zweite Folge: **Sie hätte ihn falsch „beurtheilet**, seine Arbeitsamkeit, seine Gefälligkeit und andere gute Eigenschaften vergessen, und stets darüber geseufzet, daß er ihr hohes Muster der Tugend nicht erreichte. Ich will hiebei nur das Eine erinnern, daß der Herr

D. die bekannte Regel: Unwahrheiten erfordern ein gut Gedächtniß, vergessen habe. Er saget im vorhergehenden, sein Weib habe ein vortreffliches Herz gehabt, und ihn bis zur Anbetung geliebet, und er sollte und konnte doch wohl einsehen, daß dieses und die hier vorgegebene Tadelsucht und Geringschätzung seiner Person Dinge seyn, die keine Vernunft mit einander vereinigen kann.

So viel ist indessen wahr, daß ihm die Tugend, besonders die Sittsamkeit seiner Frau lästig wurde, weil er sich dadurch in seinem Gewissen beschämet und gedemüthiget fand, und er sie gern davon abgebracht und sich gleich gemacht hätte, wenn er es nur hätte dahin bringen können. Er sagte einstmal zu ihr: Sie sey eine von den schönsten Weibern in Erfurt, aber sie würde noch vielmehr gelobet werden, wenn sie sich etwas vom verbuhlten Wesen (Coquetterie) angewöhnen wollte. Dieses sey der gute Ton, der in Erfurt herrschte, und sie müsse sich in selbigen stimmen. Dieses that sie nicht, und deswegen ist er mit ihrer Tugend so unzufrieden.

„Dritte

„Dritte vermeinte Folge: Sie sey dadurch „im höchsten Grade intolerant gegen alle Men„schen geworden, und habe die würdigsten Per„sonen verabscheuet, wenn sie gegen ihre Sitt„samkeit gefehlet. Wäre auch eine Frau in allen „Absichten vollkommen gewesen und sie hätte nur „das geringste von Coquetterie (warum nicht „deutsch, verbuhltem Wesen) an ihr bemerket, so wäre sie in ihren Augen ein unwürdiges Weib „gewesen, und sie hätte sich nicht enthalten kön„nen, ihr Misfallen laut zu erklären.

Intolerant, noch dazu im höchsten Grade und gegen alle Menschen. Das ist doch erschrecklich! das gottlose Weib. Fort mit ihr! Aber was hat sie denn gethan? Hat sie in Erfurt oder Giesen die Inquisition eingeführet, und Scheiterhaufen aufgerichtet? Nein, sie wollte nur Böses nicht Gut heißen. Sie wuste Personen und Laster sehr wohl zu unterscheiden. Sie konnte mit würdigen Menschen Mitleiden haben, wenn ihnen die Sittsamkeit fehlete, aber sie verabscheuete sie nie. Sie konnte einer Buhlschwester, wie die Busenfreundin des Hrn. D., die

Bolmannin war, wegen einiger guten Eigenschaften, Gerechtigkeit wiederfahren lassen, ob sie gleich selbige für ein unwürdiges Weib halten mußte. Doch hütete sie sich sehr, dieses Misfallen laut zu erklären. Soll dieses intolerant im höchsten Grade gegen alle Menschen heißen, so muß unser Herr D. von der Tolerance ganz andere Begriffe haben, als sonst jeder Vernünftiger mit diesem Worte verknüpfet, und die Sittenlehre seines Herzens muß von der Sittenlehre seiner Schriften sehr unterschieden seyn. Beiläufig wünschte ich, er hätte uns gemeldet, in welcher Welt er Weiber angetroffen, welche die besten Erzieherinnen ihrer Kinder, die arbeitsamsten Hausfrauen, die vollkommensten Wirthinnen, kurz alles, was ein Weib seyn kann, und zugleich Buhlschwestern gewesen. In unserer Welt wird man sie, wie ich glaube, vergeblich suchen. Aus dieser schrecklichen Intolerance leitet er nun die 4te traurige Folge her.

„Man hätte sich in den meisten Gesellschaf„ten vor dieser Großinquisitorin so gefürchtet, „daß man sich ihrer in manchen Häusern entzo„gen,

„gen, und ihn allein eingeladen, (ein Vorzug, „den sie ihm sehr gern gönnete, und im geringsten nicht mismuthig darüber wurde) denn man „hätte sich in ihrer Gegenwart genirt befunden, „und alle Worte und Mienen auf die Wageschale legen müssen, weil sie im Stande gewesen, „eine Zweideutigkeit öffentlich zu rügen, und ihm „wohl selbst eine kleine Freiheit öffentlich zu ver„weisen. Das hätte sie billig thun sollen, aber sie hatte nicht Muth genug dazu, und das war ihr Fehler. Thäten es alle tugendhafte Weiber, so würde der in Zweideutigkeiten gesuchte unflätige Witz bald aus Gesellschaften verbannet seyn, und der Buhlschwestern und süssen Herren würden viel weniger werden.

Neunter Abschnitt.

Wie kunstreich der Herr D. Bahrdt seine Frau hypochondrisch, nörglicht und einfältig mache.

Da ihm seine Frau erst von einer Seite lästig geworden, schreibt er, wären auch bald andere zum Vorscheine gekommen, und da ihm erst durch ihre Eifersucht die Augen aufgegangen, hätte er auch bald andere Unvollkommenheiten bemerket, die er anfangs nicht beobachtet. So habe er „an ihr eine große Neigung zum Putz und eine „oft kindische Eitelkeit bemerket. Immer hätte „sie darauf gedacht, wie ihr dieses und jenes klei„den würde, wie sie sich neue Kleider anschaffen „könnte, und da er diese ihre Wünsche wegen „seiner Armuth nicht nach ihrem Gefallen hätte „befriedigen können, so hätte sie ihm den Vor„wurf gemacht, daß er an ihr sparete, und aus „diesen und andern Umständen den Schluß herge„leitet, daß er sie nicht mehr so liebe und schätze, „wie es ihre Tugend verdiene. Dieser zu oft wiederkommende Gedanke hätte sie hypochondrisch gemacht, und bei der immer zunehmenden Hypochondrie wäre sie endlich **nörglicht** geworden.

Hier haben wir ein neues Beispiel, wie leicht es sey, eine Unwahrheit aus der andern herzuleiten. Putzliebe und etwas Eitelkeit verzeihet man sonst einer jungen Frau sehr willig, aber

sie

sie bedurfte dieser Nachsicht nicht, indem sie von beiden weit entfernet war. Sie war nicht gewohnet, halbe oder ganze Tage in Nachtkleidern herum zu schlendern; reinlich und ordentlich mußte sie immer angekleidet seyn, und da sie das meiste von ihrem kleinen Putze selbst verfertigte, mußte sie natürlicher Weise auch überlegen, wie ihr dieses und jenes kleiden würde. Nie plagte sie der Wunsch, ihren Kleider Vorrath immer zu vermehren. Sie war damit hinlänglich versehen, und sie verstand die manchen Weibern fehlende Kunst, ihre Kleider zu gebrauchen, und doch zugleich zu schonen, so daß ihr Herr Gemahl ihr in 18 Jahren nicht mehr als ein schlechtes Cattunes und ein mittelmäßiges Taffetkleid anzuschaffen brauchte.

Seine Eitelkeit war in diesem Stücke viel größer, und würde ohne Gränzen gewesen seyn, wenn er das Geld dazu gehabt hätte. Sie fiel würklich ins Kindische. Er wollte ihr zumuthen, sie sollte ihre guten Kleider zerschneiden und sich Hauskleider davon verfertigen, damit sie beständig in Seide gekleidet gehen könnte. Sie würde ihm dadurch ein großes Vergnügen machen, indem er gar zu gerne Seide rauschen hörte. *)

Nie hat sie ihm den Vorwurf gemacht, an mir sparest du. Eine jede Spur der ihm so fremden Sparsamkeit würde ihr die gröste Freude gemacht haben, welcher sie sehr gern und willig einige unbefriedigte Wünsche nach Kleidungen aufgeopfert hätte: Aber er hatte in seinem Plane angeleget, daß sie hypochondrisch und nörgelnd werden sollte. Wie konnte er zu diesem Ziel gelangen? Er mußte Eifersucht, Stolz und unbefriedigte Eitelkeit zusammen spannen, damit sie den Gedanken: Mein Mann liebet und achtet mich nicht mehr, mit vereinigter Kraft herbei schleppen könnten, und dieser Gedanke sollte sie so oft und so nachdrücklich bestürmen, daß sie davon hypochondrisch werden müße. Er siehet vorher, man könnte ihm einwenden: Viele Weiber denken, mein Mann liebet und schätzet mich nicht, sie haben es auch wohl Ursach zu denken, und werden doch nicht hypochondrisch. Darum

*) Fast wie jene Chinesische Kaiserin, die mehr Seidenzeug zerriß, als der Kaiser bezahlen konnte, weil sie an Seidenrauschen so viel Vergnügen fand.

rum bietet er Kindbette und Krankheiten auf, und sucht dadurch den Gedanken: Mein Mann liebet mich nicht, zu verstärken, damit er so bei geschwächten Leibes- und Gemüthskräften desto leichter siegen und die Hypochondrie auf den Thron erheben könnte. Nun war es ihm leicht, seine Frau auch nörgelnd zu machen, denn wer weiß nicht, daß hypochondrische Leute gemeiniglich auch nörglicht seyn. Wie fein dem Ansehen nach! als wollte er sie schonen, und ihr nicht alles zurechnen, aber wie hämisch in der That! um ein freies Feld zu bekommen, ihr Krankheit in der Einbildung, üble Laune und unausstehliche Schwachheit des Geistes anzudichten, damit er seiner Besonnenheit, Gutherzigkeit und Duldkraft die herrliche Lobrede halten könnte, die oben angeführet worden.

Es gehet aber diesem Beweiße, wie vielen gelehrten und künstlich ausgearbeiteten Demonstrationen, die auf willkührliche Sätze (Hypothesen) gebauet sind. Es kommt eine unhöfliche Erfahrung, und wirft alles übern Haufen. Die Frau D. Bahrdtin soll hypochondrisch geworden seyn, da sie sich nur einen Mangel der

Liebe und Achtung ihres Mannes eingebildet, und sie ist es bis diese Stunde noch nicht, da sie die völlige und durch so viele traurige Erfahrungen bestätigte Ueberzeugung bekommen: Mein Mann liebet mich nicht mehr, er setzt mich zurück, sie ist noch nicht nörgelnd geworden, so viel Mühe der Herr D. sich auch mit und ohne Vorsatz gegeben, sie nörgelnd zu machen.

Hätte sie dazu die geringste Anlage gehabt, so würde sie darinn eben so bald vollkommen geworden seyn, als der Herr D. den Ton des Bolmannischen Hauses lernte. Er hat ihr von jeher dazu mehr denn zu viel Gelegenheit und Reitzungen in den Weg geleget: Sie fand gar bald, daß er zu Hause der liebreiche und gefällige Mann nicht allzeit sey, den er in Gesellschaften vorstellete. Er hatte sehr hohe Begriffe von der männlichen Oberherrschaft, die er sehr weit ausdehnete, und auf alles argwöhnisch war, was nur den geringsten Schein hatte, sie einzuschränken. Er dachte, eine Frau könne nicht in der nöthigen Abhängigkeit erhalten werden, wenn sie Geld in Händen hätte. Sie konnte also nicht erhalten, daß er ihr eine mäßige Summe anvertrauet hätte, ob sie sich gleich erbot, ihm von allen Pfennigen Rechnung abzulegen. Sie mußte ihm jeden Dreier abfordern. Dieses mußte natürlicher Weise oft geschehen, wenn er im Studiren und Nachdenken begriffen war, und dann konnte er aufbrausen, als wenn das Haus brennte. Er klagt über die unbesonnene Störung in seinen tiefsten Gedanken, aber er vergißt, daß es seine eigene Schuld gewesen. Seine Hitze dauerte zwar nicht lange, aber sie kam desto öfterer wieder, und eine weniger sanfte und nachgebende Frau würde mit Nörgeln eine Art von Repressalien gebraucht haben.

Aber noch viel stärker konnte sie seine Verschwendung dazu reitzen. Ich nehme dieses Wort nicht in dem verhaßten eingeschränkten Verstande, wie man es im gemeinen Leben zu brauchen pfleget, da es einen Mann bedeutet, der ein großes Vermögen lüderlicher Weise durchbringet. Ich verstehe dadurch nichts mehr, als einen Menschen, der mehr verthut, als er einnimmt, es sey nun im Großen oder im Kleinen, wenn es auch auf eine nicht ganz unanständige Art geschieschiehet, und in diesem Verstande würde der Hr. D. gegen den Namen eines Verschwenders vergeblich protestiren. Man erinnere sich seines oben aus der 31. S. angeführten Bekenntnisses, daß er sich unglücklich gefühlet, wenn er nicht eben so prächtig als andere seines Standes leben können. Er ist einer von den vielen, die gern etwas Gutes und Seltenes essen und trinken, und hernach erst daran denken, wenn und wovon es solle bezahlt werden. Wie nachtheilig dieses sey, hatte er schon in Erfurt erfahren, und er hätte mit Schaden klug werden sollen. Er hatte daselbst seine Küche so gut besorget, daß er am Ende des Jahrs 250 Rthl. Schulden hatte. S. 33. Er war ein vollkommener Koch S. 32. fast so vollkommen, wie jener Franzose, den sich ein gewisser Domherr in Lübek v. Ahlefeld, wo ich nicht irre, verschrieben hatte, dieser mußte bei seiner Ankunft ein Abendessen für einige gute Freunde bereiten. Er fragte darauf seinen Herrn, wie ihm dieses Probstück seiner Wissenschaft gefiele. Sehr wohl, war die Antwort, nur hätte die Mahlzeit etwas kostbarer seyn können. O mein Herr, erwiederte der Franzmann in seiner

ner Sprache, haben Sie Geduld. Sieben Herren habe ich zu Grunde gerichtet, Sie können der Achte werden. Diese Gefahr war nach seiner Verheirathung etwas geringer. Er muste doch nun die Hauptbesorgung der Küche seiner Frau überlaßen, welche die Wirthschaft ungleich besser verstand, es blieb ihm aber doch immer ein weites Feld übrig, seine Wissenschaft mehr zu verthun als er erwerben konnte, in eine schädliche Thätigkeit zu setzen.

Er ist in einem hohen Grade gastfrei, wer zu ihm kömmt, wird wohl aufgenommen, und überflüßig bewirthet. Er vergißt aber dabei nicht selten, daß die an sich rühmliche Tugend der Gastfreiheit zu einer nachtheiligen Schwachheit werde, wenn sie nicht von der Klugheit geleitet, und bei unzureichendem Vermögen am Ende auf Kosten der Gläubiger ausgeübet wird. Seine Gastfreiheit wurde sehr oft seiner Frau unmittelbar, und ihm selbst mittelbar zur Last, wenn er einen unvermutheten Gast zur Mahlzeit behielte, und deswegen in aller Eile die Küche nicht ohne vergebliche Unkosten anders besorget wer-

werden mußte. Schade war es, daß ihm nur eine Kleinigkeit fehlte, die in der Kirchengeschichte bekannte Bischöflichen Tafelgelder (bona mensae episcopalis.)

Er liebet muntere Gesellschaften und schimmert in selbigen, so lange sein Witz und Munterkeit in den gehörigen Schranken bleibet. Auch dieses gehöret zu der liebenswürdigen Seite seines Charakters. Wer kann es tadeln, daß ein unermüdeter Arbeiter (das ist Herr D. Bahrdt in der That) Erholungsstunden suche; den Vormittag der Arbeit, den Nachmittag der Gesellschaft guter Freunde widme, die er entweder besuchet oder in seinem Hause bewirthet. Dieses verursacht aber in unsern Zeiten einen Aufwand, welchem in Erfurt weder die Besoldung noch der Schriftsteller Erwerb, und am wenigsten das unbeträchtliche Vermögen seiner Frau gewachsen war.

Hätte unser Herr D. im vorigen Jahrhunderte gelebet, so hätte er seiner Gesellschaftsneigung ohne seinen Schaden folgen können.

Unsere Vorfahren verstanden die jetzt verlohrne Kunst, sich bei einem Glase Bier oder Landwein eben so vergnügt zu unterhalten, als wir bei einer reichlich besetzten Tafel; aber die jetzige Welt ist so aufgeklärt geworden, daß sie einsehen gelernet, Forellen und Rehbraten seyn Heringen und einem Gerichte Kohl und Fleisch vorzuziehen, und alter Rheinwein oder Burgunder schmecke doch immer besser als Bier und schlechter Landwein. Hätte der Herr D. in dieser Art der Aufklärung nicht auch so große Fortschritte gemacht, hätte er die gemeine Rechenkunst verstanden, die Einnahme und Ausgabe mit einander zu vergleichen lehret, und hätte der überstoische Weltweise, der keiner Leidenschaft empfänglich war, so viel Herrschaft über sich selbst gehabt, seine sinnlichen Vergnügungen zu mäßigen und sich solche zuweilen zu versagen, wenn seine Casse gegründete Einwendungen dargegen gemacht, so hätte er in Erfurt, wo alles so wohlfeil war, wohl auskommen können, und wenn er sich daselbst noch ein Jahr gehalten, würde ihm eine bessere Beförderung nicht gefehlet haben.

Einer seiner Freunde, der jetzige Herr Hofrath Meusel in Erlangen, verstand die Kunst mit wenigem hauszuhalten besser. Er lebte auch seinem Stande gemäß, aber eingezogener und sammelte dabei; aber sammeln hatte unser Herr D. nicht gelernet und wollte es auch nicht lernen, wenn ihm die Noth noch so dringend dazu aufforderte.

Seine Gesellschaftssucht brachte es bald dahin, daß der Zirkel seiner Bekanntschaft zum Nachtheil seines Fleißes und seines Geldes sich so sehr erweiterte, daß wenn er noch ein Jahr in Erfurt geblieben wäre, die Helfte der dasigen Einwohner seine Tisch- und Schmausefreunde würden geworden seyn: Ihre Anzahl war schon so stark, daß er, wenn die Reihe an ihn kam, sie auf zweimal bewirthen muste, weil sie sein Haus nicht alle zugleich fassete.

Die Folgen davon, die er S. 117. anführet, waren sehr natürlich. Die 800 Rthlr. seiner Frau reichten zur Bezahlung der Schulden und dem neuen Aufwande nicht zu, und

wä-

wären es 8000 gewesen, würden sie auch bald den Weg ins Publikum gefunden haben. Schon im ersten Jahre muste das Silberzeug in Münze verwandelt werden. Er wuste es ihr unter dem Vorwande abzuschwatzen, er müsse einem vornehmen Gönner, der sich in Verlegenheit befände, 100 Rthlr. vorschießen, dieser würde ihm dafür eine Zulage von 100 Rthlrn. zu seiner Besoldung auswürken, alsdann könne und wolle er es wieder einlösen. Es war aber alles ein bloßes Vorgeben, und es wurde nichts weder aus der Zulage noch Einlösung.

Meine Schwester, die ihn in Ansehung der Wirthschaft an Einsicht und Ueberlegung weit übertraf, sahe vorher, wohin ihn seine lustige und verschwenderische Lebensart führen würde, und konnte sich oft des bekümmernden Gedankens nicht erwehren: **Was wird endlich daraus werden?** aber sie wurde darüber weder hypochondrisch noch nörgelnd. Sie that nur, was ihre Pflicht erforderte, und wozu sie ihr verehrungswürdiger Schwiegervater sehr ernstlich ermahnet hatte, und suchte ihren Mann durch die liebreichsten Vorstellungen und Bitten zu einer bessern Wirthschaft zu bewegen, besonders durch das Beispiel seines Freundes, Herrn Meusel, und da dieses nichts fruchtete, verdoppelte sie ihre Sparsamkeit. Sie sahe vorher, daß sie damit wenig ausrichten würde, wenn er sich nicht besserte; und doch machte sie ihm nie einen empfindlichen Vorwurf; man konnte behaupten, sie habe eine allzugroße Duldsamkeit bewiesen, da sie mit der willigen Hergebung ihres Geldes, und eben so willigen Aufopferung ihres Silberzeuges den gänzlichen Umsturz nicht abwenden konnte. Er rühmet sich zwar, daß er sich in Erfurt so ziemlich durchgeschlagen, und keine neue Schulden gemacht. Aber dieses würde bei einem längern Aufenthalte daselbst und bei seiner fortgesetzten rauschenden Lebensart gewiß geschehen seyn, und ihn dahin gebracht haben, daß er Erfurt in aller Stille verlassen, und auf gut Glück in die Welt hineingehen müssen. Dieses sey schon, wie sein Geschichtschreiber Pott versichert, sein wirklicher Vorsatz gewesen, welches ich ihm nicht glauben würde, wenn er es nicht mit einem angeführten Briefe des Herrn D. Semler bewiesen hätte.

Der Ruf nach Giesen bewahrete ihn vor diesem gefährlichen Schritte, und wie glücklich wäre er gewesen, wenn er seine Neigung zum beständigen Wohlleben, die ihn in Erfurt so sehr zurück gesetzet, auch daselbst gelassen hätte. Aber sie folgte ihm so treulich, als die schwarze Sorge dem Reuter des Horaz. *) In Erfurt hatte er mit 400 Rthlrn. auskommen wollen. In Giesen war alles nicht weniger wohlfeil, und seine Besoldung belief sich auf 600 Rthlr. Hier konnte er folglich bei einer guten Wirthschaft vieles zurücklegen. Dieses war seine Pflicht. Seine häusliche Bedürfnisse vermehrten sich. Er wurde Vater, und dieser neue Artikel in seiner Ausgabe hätte ihn doch wohl billig erinnern sollen, wie nöthig es sey, die Gesellschaftsbegierde, die ihm immer in seiner ökonomischen Lage nachtheilig gewesen, ein wenig einzuschränken. Die Pflicht seiner Frau war es, ihm deswegen liebreiche Vorstellung zu thun. Sie ermangelte nicht, solche zu erfüllen, und sein so redlicher Freund, der Herr Canzler Koch, wel-

*) Post equitem sedet atra cura.

welchen er doch wohl dieserwegen nicht nörgelnd nennen wird, stand ihr darinnen treulich bei, aber beide versuchten einen Mohren zu waschen. Er fand zwar in Giesen nicht so viele Tisch und Schmause Freunde wie in Erfurt; er hätte sich aber billig noch mehr vor ihnen hüten sollen, da besonders einer unter ihnen die Rolle eines Laurers spielte, und die Schwachheiten, die unser Herr D. noch immer in Gesellschaften beging, vielleicht mit manchen gehässigen Zusätzen ausbreitete; und doch war ihm sein Leichtsinn so wenig, als seine ihm so oft schädlich gewordene Offenherzigkeit abzugewöhnen.

Weil er in Giesen mehr Einkünfte hatte, glaubte er auch auf einen größern und prächtigern Fuß leben zu müssen. Der heiße Wunsch seines Herzens, sich eine hübsche Equipage zu halten, durfte nun nicht mehr ein unbefriedigter Wunsch bleiben: Er schaffte sich Pferde und Wagen an, nicht um seiner Frau, wie er vorgiebt, eine Gefälligkeit zu erzeigen (sie rieth ihm ab, so gut sie konnte) sondern um seiner Eitelkeit ein Opfer zu bringen. Er war doch wohl so unwissend nicht, wie jener

Fran=

Franzose, dem es sehr befremdete und unwillig machte, daß die Pferde auch zur Nacht speisseten, und er muste doch wohl gehöret haben, was für ein lästiger und kostbarer Hausrath ein müssiger Kutscher sey. Hätte er nicht auch überlegen sollen, daß ein solcher Aufwand Neid und Tadelsucht reizte, die er in Giesen ohnedem genug zu fürchten hatte, und daß man nicht ermangeln würde, allerhand nachtheilige Glossen über ihn zu machen, wenn er sich eines solchen, obgleich sehr unbedeutenden Vorzugs vor seinen Collegen, anmassete. Der Vorwand war, seine Gesundheit durch Bewegung zu erhalten. Diesen Endzweck hätte er mit seinen gesunden, und noch jungen Füssen, allenfalls mit einer Drehebank oder andern körperlichen Bewegungen viel wohlfeiler und besser erreichen können: Aber es läßt doch prächtiger, sich von ein paar Pferden schleppen zu lassen, als zu Fuße zu gehen. Pferde und Wagen musten angeschaffet werden, sollte es auch mit geborgtem Gelde geschehen, wie es hier in der That geschahe. So wenig verstand er die so nöthige Wissenschaft, mit dem Gelde gut umzugehen. Etwas davon lernte er in Marschlinz, aber auch nur etwas. Er behielt auch da seine Pferde, ob sie ihm gleich zur grösten Last wurden; ob er gleich seinen Wagen mit vielen Kosten ganz umschaffen muste, und von allen Vernünftigen ausgelacht wurde, wenn er in einer ganz unfahrbaren Gegend sich mit einer mühsamen und gefährlichen Spazierfahrt quälete. S. 314-317. Aber ein neues Unglück! Der arme Mann konnte seine Pferde nicht los werden. Er konnte sie verschenken, und stand sich dabei viel besser. Das wenige, was er von seiner klugen Haushaltung in Marschlinz gelernet, wurde in Heidesheim bald wieder vergessen. Bei seiner Ankunft in Halle lehrete es ihn Noth und Mangel wieder, aber wie sich daselbst seine Umstände verbesserten, wurde auch die Sparsamkeit wieder aus dem Hause gejagt.

Ueberlegt man, wie diese seine verderbliche Neigung seiner ganz anders gesinnten Ehegattin manchen Kummer verursachen muste; überlegt man, daß sie bei seinem von Freunden und Freundinnen mit so vielem Rechte getadelten allzufreien und der Frechheit nahe kommenden Betragen in Gesellschaft junger Frauenzimmer nicht gleichgültig seyn konnte; setzt man hinzu, seine chimärischen Projecte, die auf Erwerb abzieleten, und zum Verderb ausschlugen, sein eignes Auffahren und Nörgeln bei so manchen Kleinigkeiten, und die Unbequemlichkeiten, die sie bei der so oftmaligen Veränderung seines Aufenthalts erdulden muste so wäre es kein Wunder gewesen, wenn sie hypochondrisch und nörgelnd geworden. Nichts als ihre gesunde Leibesbeschaffenheit, ihre guten Religions Grundsätze und die Liebe zu ihrem Manne, die bei allen seinen Schwachheiten unerschüttert blieb, konnte sie davor bewahren und bewahrte sie würklich. Alles was sie that, und thun muste, ihn davon abzubringen, waren sanftmüthige und liebreiche Vorstellungen, und oft thränende Bitten, und wenn dieses nichts fruchtete, bewies sie eine Duldkraft, welche diejenige, deren er sich rühmet, und die er gegen seine Frau nie auszuüben brauchte, weit übertraf.

So sehr sie auch von ihm zum Nörgeln gereitzet wurde, blieb sie doch von dieser Schwachheit weit entfernet; und er hat auch selbst in 18 Jahren nichts davon gewust und geglaubet. Nie hat sie ihm das eheliche Leben sauer gemacht, sondern sich stets als eine zärtliche Ehegattin und treue Theilnehmerin an seinen guten und widrigen Schicksalen bewiesen.

Doch die reine Wahrheit zu gestehen, sie war die Frau nicht, die sich für unsern Herrn D. schickte. Sie war viel zu sanft, viel zu nachgebend, viel zu geduldig, viel zu furchtsam. Er muste eine Dragonermässige Frau haben, die seinem ungebrochenen Eigenwillen einen noch unbiegsamern Starrkopf entgegensetzen konnte, die vermögend war zu wüten, wenn er tobte, und die, wenn er aufs äusserste gekommen, ihm überlegene Liebeskräfte hätte können fühlen lassen, das wäre die Frau gewesen, die sich für ihn geschickt hätte.

Diese würde ihm manche Unanständigkeit abgewöhnt, ihn eine bessere Haushaltung gelehret, und von vielen unüberlegten Handlungen abgehalten haben. Die Folge wird die Richtigkeit dieser Anmerkung noch mehr bestätigen.

Zehnter Abschnitt.

Wie unbillig Herr D. Barhdt seine Frau eines überaus schwachen Geistes beschuldige.

Der Herr D. ist mit den erdichteten Klagen über die Fehler seiner Frau noch nicht fertig. Die Menge ihrer Untugenden, ihre üble Laune, ihr beständiges Nörgeln, habe endlich alle Liebe aus seinem Herzen verdränget. (Wer eigentlich so mächtig gewesen, wird die Folge lehren.) Nun wären ihm die verblendeten Augen völlig aufgegangen, und er habe an ihr einen überaus schwachen Geist, keine Unterhaltung, und nicht ein Fünkchen Witz bei ihren Scherzen bemerket.

Dieser Vorwurf darf niemanden befremden. Was ist den sogenannten Herren Aufklärern und eingebildeten **starken** Geistern wohl gewöhnlicher, als daß sie alle, die ihren Meinungen nicht beipflichten, wenn sie höflich seyn wollen, **schwache Geister**, und wenn sie ins Grobe fallen, **Dummköpfe** heissen, so wie alle, die ihnen öffentlich widersprechen, neidische, boshafte Menschenfeinde, Cabalenschmiede und Verfolger sich müssen schelten lassen. *) Was meine Schwester betrift, so hat sie nie die Eitelkeit gehabt, sich eine vorzügliche Stärke des Geistes einzubilden, sondern in diesem Stück ihrem Eheherrn den Vorzug willig eingeräumet. Sie hatte keinen so starken Geist, daß sie die deutlichsten Stellen der H. Schrift so kunstreich verdunkeln, und so unnatürlich verdrehen konnte, daß der darinn liegende Beweiß einer theologischen Wahrheit entkräftet wird. Ihr Geist war auch so stark nicht, daß sie von einer falsch befundenen Gespenster Geschichte, den gewaltigen Sprung auf die Verleugnung alles Uebernatürlichen machen konnte. S. 182. Sie dankte aber Gott, daß er ihr einen gesunden, oder, um mich eines Lieblings-Wortes des Herrn D. zu bedienen, einen schlichten Verstand gegeben, und damit ist er auch 15 Jahr wohl zufrieden gewesen, und hat es Ursache gehabt zu seyn. Sie übertraf ihn selbst in vielen Absichten an richtiger Einsicht, gehöriger Ueberlegung und practischer

*) Siehe die Beschreibung des alten würdigen D. Benner, S. 148.

scher Klugheit, die oft nach seinem eigenen Geständniß von seiner Hitze und Heftigkeit verdrängt wurden, und er würde in vielen Fällen sehr glücklich gewesen seyn, und manche Widerwärtigkeit vermieden haben, wenn er ihrem Rathe gefolget wäre.

Sein Philantropin in Heidesheim ist davon der unwidersprechlichste Beweiß. Wie sehr war sie nicht darwider? Wie nachdrücklich und liebreich wuste sie ihm vorzustellen, daß eine solche Anstalt sein gegenwärtiges und gehofftes Vermögen weit überstiege? Sie erinnerte ihn, sich nicht auf allgemeine und unbestimmte Zusagen einer Unterstützung zu verlassen. Sie sagte ihm vorher, was erfolgte und erfolgen müste, er würde sich in Schulden stecken, die er nie bezahlen könnte, und sie, sich selbst und seine Kinder in ein unvermeidliches Unglück stürzen. Was half es?

Er hatte in Marschlinz gehöret, die beiden Herren, die in Hellenstein ein Erziehungs Institut angeleget, hätten in Zeit von 12 oder 13 Jahren jeder 20000 fl. dabei gewonnen: Dieses hatte er sich gemerket, und beschloß eben so reich und wohl noch reicher zu werden. Seine Phantasie

hatte

hatte diese 20000 fl. gefasset, und seiner Vernunft aufs Leben verboten, ihm ja nichts von Bedenklichkeiten und Schwierigkeiten einzuflüstern.

„Es ist, schreibet er S. 138., mein Fehler, „daß ich erstaunend unruhig und betriebsam werde, wenn ich ein großscheinendes Gut vor mir „sehe, das sich mir darbietet. Ich kann von „dem ersten Augenblick an es nicht mehr aus dem „Kopfe bringen. Ich denke unaufhörlich dar„auf, wie ich mich desselben versichern will. Ich „bemerke mit Aengstlichkeit jede Gefahr, die es „mir entreissen könnte, und plage mich oft mit „tausend erdichteten Möglichkeiten, es zu verlie„ren. Ich suche alles erdenkliche auf, was ich „etwa zur Erlangung desselben beitragen kann. „Ich erschrecke, wenn mir etwas einfällt, „was ich verabsäumt habe, und was die schon „angewendeten Mittel vielleicht hätte wirksamer „machen können. Kurz, ich kann nicht mit Ge„lassenheit handeln, wenn mir ein Glück entge„gen kommt, sondern ich bestürme gleich alle Sei„ten, wo ich einen Zugang bemerke. Diesen Fehler zeigte er hier in seiner völligen Größe. Seinem ungemessenen Vertrauen auf seine Talente musten alle Schwierigkeiten und Unmöglichkeiten weichen, die sich von selbst darboten. Er gab nur vor, um seine Frau einigermassen zu beruhigen, diese Anstalt sollte nur sechs Jahre dauern. Er wiederholte dieses bei seiner Wiederkunft aus England mit dem Zusatze, er sei nicht so sehr sein eigener Feind, daß er seine Lebenszeit in einer solchen Unruhe zubringen sollte: mit diesen und andern Vertröstungen wuste er es auch dahin zu bringen, daß seine sanfte und des Nachgebens schon gewohnte Gattin eine Schrift unterzeichnete, daß sie für alle Schulden mithaften wollte.

Eben dieses leidige Philantropin beweiset sonnenklar, daß er nichts von allen dem gewust, oder geglaubet, was er jetzt seiner Frau zur Last legen will. Es war ihm nicht unbekannt, und er hatte es in Marschlinz aus der Erfahrung noch besser gelernet, daß ein solches Unternehmen eine verständige und unverdrossene Hauswirthin erforderte. Hätte er geglaubet, seine Frau sey **im höchsten Grade bequem und Arbeitsscheu, nur auf den Putz denkend, hypochondrisch, nörgelnd und von überaus schwachem Geiste**

ste gewesen, so müste er unklug, nein das ist zu wenig, er müste wahnsinnig gewesen seyn, wenn er ihr eine so weitläuftige und mühsame Haushaltung, und im höchsten Grade wahnsinnig, wenn er ihr in seiner Abwesenheit die Regierung des Ganzen anvertrauet hätte. Er wuste aber, daß er sich auf sie in allen Stükken, und in vielen besser als auf sich selbst verlassen könnte, und er irrete sich nicht.

Er erfuhr, daß sein Philantropin mehr koste, als er sich vorgestellet, und daß er in Ansehung mancher Einnahme die Rechnung ohne den Wirth gemacht habe. Manche Goldquelle, die seine Einbildungskraft grub, wollte nicht fliessen, z. B. der Nachdruck guter Bücher, und die Zöglinge kamen auch nicht von Osten und Westen herbeigeflogen, wie er gehoffet hatte. Diese Noth trieb ihn, nach Holland und England auf Werbung zu gehen. Er war über 8 Monate abwesend. In dieser Zeit muste seine Frau die ganze Verwaltung des Philantropins übernehmen, indem der damalige Herr Graf und jezige Fürst sich ganz und gar nicht damit vermengen wollte. Und dieses ungewohnte Amt ver-

wal-

waltete sie mit aller Sorgfalt und Klugheit, von dem guten Rathe einiger Lehrer unterstützet, wenn ihre Einsichten natürlicher Weise nicht in allen Fällen zureichten. Er ließ ihr auch bei seiner Wiederkunft alle Gerechtigkeit wiederfahren, und erkannte mit Danke, wie klüglich sie alles in gehöriger Ordnung erhalten, und manchen besorglichen Verschlimmerungen vorgebeuget habe. Ihre Schuld war es auch gewiß nicht, daß dieses prächtige Luftschloß sobald verschwand, die zu 20000 fl. zu recht gelegten Säcke leer blieben, und die Hoffnung des Herrn D., ein zweiter A. H. Frank zu werden, vereitelt wurde.

Ich bin in der That begierig zu lesen, mit welchem Anstrich der Herr D. den seiner Frau angedichteten schlechten Charakter behaupten werde, wenn er in seiner Geschichte nach Heidesheim kömmt. Ob ich gleich seiner Dichtungskraft und Dreustigkeit alles zutraue, bin ich doch geneigt zu vermuthen, er werde sie in Heidesheim gesund, wirthschaftlich, unverdrossen und sehr verständig werden, und sie hernach in Halle einen desto fürchterlichen Rückfall bekommen lassen.

Was

Was der ihr abgesprochne Witz betrift, so muß ich gestehen, daß ihr die Art des Witzes gänzlich fehle, die dem Herrn. D. stets so wohl gefallen, billig aber viel weniger gefallen sollte. Sie hat nicht den Küchenwitz, den er an seiner jetzigen Gebieterin so oft zu belachen und zu bewundern pflegte. Sie hat keinen spöttischen Witz, der so leicht in den Pasquillwitz übergehet. Sie hat auch keinen Riedelschen und Bolmannischen Witz, den der Herr D. in Erfurt so gern hörete, und in demselben so bald zu schimmern lernete. Grobe sowohl als verdeckte Unflätereien, auf welche sich so viele als auf einen grossen und herrlichen Witz etwas zu gute thun, hat sie stets verabscheuet, und diesen Abscheu konnte sie auch nicht bergen, wenn der Herr D. seinen Gästen ein schmutziges Mährchen von einer Maria Magdalena, und dem Geld-Papier *) bis zum Eckel auftischte; aber an anständiger

*) Denen welche oft in des Herrn D. Gesellschaft gewesen, brauche ich dieses Mährchen nicht zu erklären, und die es noch nicht wissen, was es sagen wolle, werden nichts verlieren, wenn sie in dieser Unwissenheit bleiben.

ger Munterkeit, die mit der Tugend bestehen kann, hat es ihr niemals gefehlet.

Endlich kömmt doch bei dem Schluße der Erdichtungen eine Wahrheit zum Vorscheine. Der Herr D. beschuldigt seine Frau eines schrecklichen Verbrechens, das sie nicht leugnen kann und wobei man seine Besonnenheit und Duldkraft bewundern muß, daß er sie nicht vor Gericht gefordert, und die Ehescheidung verlanget. Was hat sie denn gethan? Sie hat, wenn sie eine Sache drollicht beschreiben wollte, den Ausdruck fricassee a la broche, den sie sich von einer Casselschen Freundin angewöhnet, als unkundig der Französischen Sprache, fehlerhaft ausgesprochen, ja solchen zu oft wiederholet und herzlich dabei gelachet. Doch im Ernst, wer kann sich des Lachens oder Unwillens enthalten, daß ein Mann einen unbedeutenden Fehler im Scherze seiner Frau so hoch aufmuzzet, der sich doch selbst nur gar zu oft die unanständigsten Scherze erlaubet, und sogar die Zoten eines Juvenals, deren sich in diesen Zeiten der gröbste Bauer schämet, deutschen Lesern und Leserinnen durch seine Uebersetzung empfiehlet. Das heißt wohl Mücken säugen und Cameele verschlucken. Eine einzige Erinnerung würde seiner Frau diesen ihm misfälligen Ausdruck abgewöhnet haben, wie ich denn auch selbigen in vielen Jahren nicht mehr von ihr gehöret.

Was ich bisher angeführet, wird mehr als zureichend seyn, einen jeden billig denkenden Leser zu überzeugen, wie ungegründet die Beschwerden seyn, welche der Herr D. Bahrdt über seine unschuldige Ehegattin führet, und wie wenig er Recht habe sich zu rühmen, und ein grosses Verdienst sich anzumassen, daß er ein unausstehliches Weib mit so vieler Spannung seiner Gutherzigkeit und Duldkraft 18 Jahr ertragen, und den mismuthigen Gedanken, er sey nicht glücklich verheirathet, so zu unterdrücken gewust, daß die eheliche Eintracht ungestöhrt geblieben. Dieses hatte er nicht sich, sondern seiner rechtschaffenen Frau zu verdanken. Der mismuthige Gedanke: Er habe eine Frau geheirathet, die nicht reich genug gewesen, konnte ihm bei seiner so starken Geldbegierde einfallen; aber er sey in seiner Heirath unglücklich gewesen, dieses ist ihm in den 18 Jahren nie eingefallen, und konnte ihm nicht einfallen, da sie jederzeit die Pflichten einer recht-

schaf-

schaffenen Ehegattin, Mutter und Hauswirthin auch in den schwersten Prüfungen beobachtete, bei allen seinen Unausstehlichkeiten, so kränkend sie ihr zuweilen wurden, eine ungeschwächte Liebe und Treue bewies, bei allen seinen Wanderungen ihm ohne Murren folgte, und bei allen Widerwärtigkeiten, in welche sie nicht ihre Fehltritte, sondern seine Unbedachtsamkeit, Projectmacherei und Aufklärungssucht stürzten, eine so ausnehmende Geduld bewies, daß er ihr das rühmliche Zeugniß, manche trübe Tage seines Lebens aufgeheitert zu haben, nicht versagen konnte.

Wie sehr verdiente sie nicht seine vermehrte Liebe und Achtung durch ihre Standhaftigkeit bei der unglücklichen Flucht von Heidesheim? Jedermann, der sie mit einem weinenden Kinde auf dem Schooß im Wagen sitzen sahe und wuste, daß sie noch ein anderes tödtlich krankes zurück lassen muste, bedauerte sie. Auch dem Manne, den der Herr D. für seinen Todfeind hielte, dem Herrn Hofrath Rühl traten die Thränen bei diesem rührenden Trauerspiele in die Augen. Hohe und Niedere hatten Mitleiden mit dem armen Weibe, welches einen so empfindlichen Antheil an dem

Schicksale nehmen muste, welches ihr Mann allein sich zugezogen. Hat sie ihm wohl jemals deswegen einen Vorwurf gemacht? Hat sie ihm nicht durch verdoppelte Liebe und Treue die drückende Last der Armuth in den ersten Zeiten des Aufenthalts in Halle zu erleichtern gesuchet? Nun empfängt sie den Dank, daß sie als eine Stöhrerin aller häuslichen Freuden geschildert wird. Was werden aber alle, die sie in Mühlhausen, Eisenach, Gotha, Erfurt, Giesen, Heidesheim und Halle gekannt haben, von dieser schreienden Ungerechtigkeit ihres Mannes denken? Sie werden sich an das erinnern, was er von seiner Beschreibung des Philantropins in Marschlinz S. 366. selbst meldet: Nie hat ein Schriftsteller so viel gelogen, als ich in diesem Werke auf hohen Befehl gelogen habe, und sie werden es leicht errathen, auf wessen Befehl oder Veranlassung solches hier geschehen sey.

Indessen müssen sie sich gefaßt machen, in den folgenden Theilen seiner Geschichte noch mehrere Unwahrheiten zu lesen. Bisher hat er sich noch das Ansehen zu geben gesucht, als wenn er Mitleiden mit ihr hätte, und sie gern scho-

schonen möchte, wenn er aber auf die wirklich erfolgte Austreibung seiner Frau kömmt, wird er gewißlich seine Dichtkraft noch stärker spannen, und dreuster werden. Ich getraue mir zum voraus zu versichern, daß alsdenn auch besonders eine pathetische Jammerklage über ihre Verschwendung zum Vorschein kommen werde. Schon vor mehr als 2 Jahren erzählte ein Reisender hier im Gasthofe, der Herr D. Bahrdt beschwere sich sehr über seine Frau, daß sie keine Wirthin sey, und mit dem Gelde nicht umzugehen wisse. Wenn sie heute zehen Thlr. hätte, wäre Morgen kein Groschen mehr vorhanden; und wer weiß, was er ihr sonst noch für unverzeihliche Verbrechen andichten wird. Sie kann es ruhig erwarten. Er wird damit nicht sie, sondern sich selbst beschimpfen. Inzwischen würde meine Vertheidigung sehr unvollkommen seyn, wenn ich nicht auch das Betragen des Herrn D. gegen seine Frau in den drey letzten verflossenen Jahren in sein gehöriges Licht setzte.

Eilfter Abschnitt.

Herrn D. Bahrdts vergnügter Ehestand in Halle bis auf die Zeit, da er seinen Weinberg bezog.

Ich überlasse es dem Herrn D., seine Geschichte von Heidesheim so treulich zu erzählen, oder so künstlich zu schmücken, als es ihm belieben wird. Das eine bemerke ich nur, daß er daselbst mit seiner Ehegattin in ungestöhrter Eintracht lebte. Er hatte daselbst sich und ihr Last genug aufgebürdet, aber von der **ehelichen Last**, die er 18 Jahr lang unausgesetzt getragen zu haben vorgiebt, konnte er damals nichts wissen. Er wuste auch nichts davon in den ersten sieben Jahren seines Aufenthalts in Halle, nach deren Verfliessung er seinem unschuldigen Weibe eine so schreckliche eheliche Last auflegte.

Er hatte von Heidesheim mit Verlassung aller seiner Habseligkeiten entfliehen müssen, und konnte mit jenem alten Weltweisen mit Wahrheit sagen: Omnia mea mecum porto, und er würde bei seiner Ankunft in Halle in die äusserste Dürf-

Dürftigkeit versunken seyn, wenn er nicht unerwartete Unterstützungen gefunden hätte. Dabei aber hatte er so viel nothwendige Ausgaben zu einer erträglichen Wiedereinrichtung zu bestreiten, daß er die unnöthigen vergessen mußte. Jetzt lernte er, was er selbst für ein großes Unglück gehalten, sich auf die nothwendigen Bedürfnisse einzuschränken, und Vergnügungen zu entsagen, die einen Ueberfluß erforderten. Tisch- und Schmaußfreunde, diese leidigen Gefährten des Ueberflußes, blieben entfernt. Mangel und Nahrungssorge schränkten die allzu große Munterkeit des Geistes ein, daß sie nicht auf Kosten der Wohlanständigkeit schimmern konnte; er fand auch in diesem ersten Jahre zu Halle noch keine Gesellschaft von schönen feurigen Frauenzimmern, die ihn hätten reitzen können, den süßen Herrn zu spielen. Sein Charakter verlohr dabei nichts, sondern gewann. Er war, was er stets im Unglück und unter dem Drucke gewesen, der beste Ehemann, der beste Vater, der beste Freund.

So trübe diese Tage in Ansehung seiner äusserlichen Umstände waren, so heiter war es am Ehestandshorizont: Jetzt erkannte er mit verdoppelten Empfindungen der Zufriedenheit, was er an einer liebenden, treuen, wirthschaftlichen, unverdrossenen und verständigen Gattin für einen Schatz besässe, und beide lebten mit einander so vergnügt und glücklich, als sie noch nie in den Tagen des Wohlstandes gelebt hatten. Aber kaum hatte er sich von dem Schiffbruch ein wenig erholet, so kamen auch die Stöhrer seiner Ruhe aus den Winkeln des Herzens wieder hervor.

Er bekam Erlaubniß, Vorlesungen, nur keine theologische zu halten, und fand den Beifall, den niemand seinen vorzüglichen Gaben des Vortrags versagen kann. Seine ergiebige und unermüdete Feder schickte eine Schrift nach der andern in die Welt. Ihr Werth ist sehr ungleich, wie jedermann weiß, genug er erhielt damit seine Hauptabsicht. Sie wurden ihm gut bezahlet. Was er schrieb, wenn es auch Briefe über die Bibel im Volkston, Kirchen- und Ketzeralmanach, Liederchen und Uebersetzung des Juvenals waren, fand freigebige Verleger und begierige Käufer. So füllete sich seine erschöpfte Casse wieder. Mit wenigem Hauszuhalten hatte

er

er einigermaßen gelernet, aber nicht mit vielen. Er konnte das bald thun, was er hernach that, und sich ein eigenes Haus anschaffen, so hätte er 600 Rthlr. erspαret, um die ihn der unüberlegte Ankauf und Wiederverkauf eines Gartens brachte. Es war der schöne Wolfische Garten, in welchem der Canzler Wolf ein ansehnliches steinernes Haus gebauet, und solches zu einer Sternwarte bestimmet hatte. Der Herr D. Bahrdt erhandelte ihn für 1500 Rthlr. Der Kauf wäre vortheilhaft genug gewesen für einen reichen Mann, der seinen eigenen Ueberfluß dazu angewendet, um nur im Sommer sich daselbst zu vergnügen, und den die anzuwendenden Baukosten nicht beschwereten: Ein solcher Mann war unser Herr D. nicht. Er kaufte mit einer beträchtlichen Schuldenlast, verbauete 300 Thlr., und fand gar bald, daß das gehofte Vergnügen, in einem Garten zu wohnen, eine unerträgliche Last sey. Er hatte seine ausgesetzten Vorlesungen wieder angefangen, und so mußte er nothwendig oft in dem allerunbequemsten Wetter täglich hin und her wandern. Anderthalb Jahr hielt er dieses aus, aber nach Verlauf derselben mußte er sich ent-

entschließen, wieder eine gemiethete Wohnung in der Stadt zu nehmen, und seinen Garten loszuschlagen. Er konnte dafür nicht mehr als 1200 Rthlr. bekommen, und die Gartenlust kostete ihm rein 600 Rthlr. Endlich wurde er des Herumwanderns müde. Er kaufte ein nicht großes aber nettes Haus in der Stadt, ließ es nach seiner Bequemlichkeit einrichten, und wohnete darinnen etliche Jahr ruhig.

Bei dem allen hatte er noch nicht gelernet, unnöthige Ausgaben zu vermeiden. Die leidigen Pferde mußten wieder angeschafft werden. Erst eines zum Reiten, und bald noch eines dazu zum Fahren. Der Vorwand war eben wie in Giesen, die Erhaltung seiner Gesundheit durch Bewegung. Worinn bestand die? Des Nachmittags, wenn er keine Besuche gab, oder annahm, und bequeme Witterung war, fuhr er nach Schlettau oder Bassendorf. Hier setzte er sich gleich nach eingenommenen Coffe nieder, und schrieb ein paar Stunden, dann fuhr er wieder nach Hause. Ja, es zeigte sich gar bald, daß seine Gesellschaftssucht, sein Leichtsinn, seine allzufreie Aufführung, besonders in Frauenzim-

mer-

mer-Gesellschaften, seine Neigung zu unanständigen Scherzen, und was man sonst mit Recht an ihm getadelt hatte, durch Mangel und Widerwärtigkeiten nur zurück gehalten, aber nicht getilget waren: Auch die zunehmenden Jahre, (er näherte sich dem 40sten) hatten es ihm nicht abgewöhnet, den süssen Herrn zu machen; wie das oben angeführte, dem Charakter eines D. so wenig anständige Liedchen beweiset.

Bei dem allen blieb die eheliche Ruhe noch ungestöhrt, aber dieses hatte der Herr D. nicht seiner in Spannung gesetzten Gutherzigkeit und Duldkraft, sondern der sanften und nachgebenden Gemüthsart seiner Frau zu danken, die zu schweigen und nur in der Stille zu seufzen gelernet hatte, wenn ihre Bitten und Vorstellungen nichts fruchteten. Besonders war sie sein Tändeln mit andern Frauenzimmern schon so gewohnet, daß sie gar nicht mehr darauf achtete, weil sie es von jeher für nichts mehr als Tändeln gehalten hatte. So waren 18 Jahre eines glücklichen Ehestandes verflossen, aber nun zog sich ein Gewitter zusammen, dessen Sturm die eheliche und häusliche Glückseligkeit zu Grunde richtete,

die

die sich bisher unter so manchem Wechsel vergnügter und kummervoller Tage behauptet hatte.

Zwölfter Abschnitt.

Herr D. Bahrdt auf dem Weinberge, eine neue Epoche seiner Geschichte.

Die Ruhe, die der Herr D. mit den Seinigen in seinem eigenen Hause genoß, war von kurzer Dauer, und wurde von seiner herrschenden Neigung, immer neue Erwerbungsprojekte zu machen, gestöhret. Obgleich schon viele derselben gescheitert waren, dachte er doch immer, eines müsse gelingen. Er hatte gelernet, von der Möglichkeit auf die Wirklichkeit zu schließen. Ob ihm dieses die Logik seiner Vernunft, oder seine Leidenschaften gelehret, brauche ich nicht zu bestimmen. **Gnug, sein Kopf war stets voll angenehmer Möglichkeiten, wie seine Lage verbessert werden könne, und es schien ihm gewiß, daß doch eine derselben in die Wirklichkeit übergehen müßte. S. 83.** Dieses ver-

versprach er sich von dem sonderbaren Einfall, eine vollständige Wirthschaft anzulegen, damit er täglich nicht allein ohne Kosten, sondern auch mit Vortheil Gesellschaft um sich haben, und die Vergnügungen des Landlebens in aller Unabhängigkeit genießen möchte.

Begeistert von dieser angenehmen Hoffnung, entschloß er sich, einen bei Halle liegenden Weinberg zu kaufen, zu welchem einige Ländereien, und ein kleiner Meierhof gehörten. Er wollte das dabei befindliche kleine Wohnhaus mit zwei angebaueten Flügeln vergrössern, und alles aufs beste und bequemste zu der vorhabenden Wirthschaft einrichten.

Schnell hatte seine Phantasie auch hier Vergnügungen und Vortheile gefasset und vergrössert, auch der Vernunft aufs Leben verboten, ihm ja nichts von Bedenklichkeiten und Schwierigkelten einzuflüstern. Was die zum Gehorsam der Leidenschaften gewohnte Vernunft nicht thun durfte, das that jetzt seine Frau. Ob die Ahndungen der traurigen Folgen ihr diesen Muth einflößten, weiß ich nicht, sie weiß es selbst nicht. Dem sey, wie ihm wolle, ihre

Ge-

Gegenvorstellungen wurden anhaltender und dringender, als sie jemals gewesen. Sie bat ihn zu überlegen, wo das Geld zu dieser Unternehmung herkommen sollte. Sie erinnerte ihn, es sey etwas leichtes, Schulden, die auf einem Gute hafteten, anzutreten, aber etwas schweres, sie zu bezahlen, zumal wenn sie dem Werthe des Grundstückes beinahe gleich kämen, und zu dessen Verbesserung noch mehr aufgenommen werden müßte, und führete ihm zu Gemüthe, daß er solches selbst bei dem Kaufe und Verkaufe des Gartens zu seinem großen Schaden erfahren hätte. Sie bat ihn endlich zu überlegen, wie wenig diese veränderte Lebensart sich mit seinem Stande und dem Ansehen, das er in der Welt erlangt hätte, reimete.

Er fühlte selbst einigermaßen das Widersinnige und Ungereimte bei seinem Vorhaben. So stark auch seine Anlage war, sich über alle Urtheile der Welt hinweg zu setzen, so wollte es ihm doch diesesmal nicht ganz gelingen. Ein Doktor der Gottesgelahrtheit, der Prediger, Professor, Consistorialrath und erster Superintendent gewesen war, wollte nun ein traiteur, billardeur, Koffe- Bier- und Weinschenke werden, das, konnte er wohl denken, müsse einem jeden unverdaulich seyn, noch unverdaulicher als der Knoblauch dem Horaz. *) Diesem vorzukommen, und seine Frau insbesondere zu beruhigen, gab er vor, er wollte die Wirthschaft nicht selbst führen, sondern verpachten, und sie nur vorläufig in Gang bringen, damit er auf desto bessere Bedingungen mit einem Pachter schlüssen könnte.

Er setzte auch einen Contrakt auf, in welchem der Pachter sich anheischig machte, ihn mit seiner Frau, Kindern und Gesinde zu beköstigen, und noch 80 Rthr. baar zu bezahlen. Diesen wieß er einigen Rechtsgelehrten unter seinen Freunden, welche ihn für den Herrn D. sehr vortheilhaft fanden, heimlich aber darüber lachten, besonders über die eingeschaltete Bedingung, der Pachter solle sich täglich den Küchenzettel vorschreiben lassen. Er stellte auch wirklich einen

Men-

*) Parentis olim si quis impia manu
Senile guttur fregerit
Edat cicutis allium nocentius.
O dura messorum ilia.

Menschen auf, der alles dieses versprach, und die Person des künftigen Pachters ziemlich gut spielte, sehr ernstlich von einigen neuen Einrichtungen sprach, die er würde machen müssen, vorgab, er erwarte nur von seinem in ziemlichem Vermögen stehenden Vater Geld, um die Wirthschaft anzutreten, und so gefällig war, daß er zum Zeitvertreib bei dem Billard mit aufwartete. Es war aber nichts mehr und nichts weniger als ein sogenannter Marqueur, und verschwand, nachdem er seine Rolle einige Monate gespielt hatte.

Man kann es indessen unserm Herrn D. so sehr nicht verdenken, daß er auf neue Erwerbungsmittel dachte, wenn man seine Lage betrachtet, die in Ansehung des Zukünftigen noch immer mißlich war. Er durfte zwar keine theologische Vorlesungen halten, aber er konnte seine Aufklärungssucht nicht zähmen, und bemühete sich, seine Lieblingsmeinungen seinen Zuhörern einzuflößen, wo er nur dazu Gelegenheit fand, oder herbeiziehen konnte. Er glaubte zum Helden geboren zu seyn, der die Christliche Religion bestürmen müßte, und besiegen würde. Deswegen konnten ihm leicht alle Vorlesungen untersagt werden. Seine Schriften brachten ihm zwar überflüßig Geld ein, aber auch diese reiche Quelle konnte versiegen. Die Aktien eines Schriftstellers fallen oft eben so stark und geschwind, wie ehemals die Missisippischen in Frankreich. Die Mode, die tirannische Mode herrschet in der Lesewelt *) eben so wie in der galanten Welt, und es ist etwas sehr mögliches, daß Schriften, die, wie man sagt, reissend abgehen, nach einigen Jahren Ladenhüter werden, und bald darauf den Weg alles Papiers gehen, und sich in Makulatur verwandeln: wenn auch unser Herr D. dieses nicht fürchtete, (welcher Schriftsteller wird es nicht fürchten!) so könnten ihm doch Alter und Krankheiten das Bücherschreiben so schwer machen, daß er dabei kaum das liebe Brod (und daran genüget ihm nicht) verdienet haben möchte. Ja, er hatte seine gerühmte Preßfreiheit so weit aus-

ge-

*) Ich brauche dieses Wort, weil es sich besser auf unsere Zeiten schickt, als das sonst gewöhnliche: Gelehrte Welt.

gedehnet, daß er Ursach hatte zu fürchten, man werde ihm blos verstatten zu denken und zu glauben, was er wolle, aber verbieten, es laut zu sagen, und drucken zu lassen.

Eben so wenig konnte es ihm verborgen seyn, daß er sich durch seine Schriften alle Wege zu einer ansehnlichen Beförderung auf Akademien und in der Kirche verschlossen habe. Die Zeit, die von ihm und seinen Glaubensgenossen so sehnlich gewünschte Zeit, da man die Christliche Religion abschaffen, seine allgemeine oder eigentlich negative Religion einführen, ihn zum Pabste derselben, und seine 22 Unionsbrüder zu Cardinälen machen würde, mußte ihm selbst noch sehr weit entfernt scheinen. Ich kann nicht sagen, ob ihn diese und ähnliche Betrachtungen dazu vermocht haben, daß er sich einen nach seiner Meinung festen und einträglichen Sitz auf dem Weinberge zu bauen entschlossen; ich getraue mir aber zu behaupten, es würde für ihn, seine Frau und Kinder besser gewesen seyn, wenn er einen andern Weg zu seiner Versorgung eingeschlagen hätte, und ein Arzt geworden wäre. Man schrieb solches vor etlichen Jahren in öffentlichen Zeitungen, und nennte schon die Universität, wo er die Doktorwürde annehmen wollte. An Naturgaben, die ein glücklicher Arzt haben muß, fehlet es ihm nicht, und die nöthigen Kenntnisse würde er sich bald erworben haben. Er ist einer von den seltenen Köpfen, die alles werden können, was sie wollen. Ich weiß aber nicht, ob es jemals sein würklicher Vorsatz gewesen, oder ob ihn die Scheu vor Kranken und Sterbenden davon abgebracht habe. Gnug, er sagte sich von allen Akademischen Arbeiten und Verbindungen los, bezog seinen Weinberg, und fing die Wirthschaft an. Er fand in dem Wohnhause ausser der Wirthschaftsstube nur noch Eine andere, nebst der dabei befindlichen Kammer, die er mit seinem Schreiber einnahm. Der beschlossene Anbau wurde sogleich angefangen, und so emsig betrieben, daß die beiden Flügel noch vor dem späten Herbst fertig wurden. Bei währendem Bau besuchte ihn seine Frau, und fand ihn sehr aufgeräumt. Hier, sagte er zu ihr, gegen meine Stube über, soll dein Schlafzimmer angebracht werden. Hier, auf die Wirthschaftsstube zeigend, kannst du dich des

Vormittags nach deinem Gefallen beschäftigen. Die Wirthschaft soll dir nicht zur Last werden. Du sollst dabei nichts mehr thun, als Geld einnehmen, und es in diesem kleinen Tische verschließen, damit wir es alle Sonnabend zusammen zählen können: aber die Folge stimmte mit diesen Versprechungen nicht überein.

Der Bau erforderte seine beständige Gegenwart, und die Frau sollte bis zu dessen Vollendung mit den Kindern, ihrem Lehrer und drei Kostgängern, die er damals bei sich hatte, in der Stadt bleiben. Eine solche doppelte Haushaltung konnte nicht wohl mit einer Magd bestritten werden. Anfangs mußte sie des Tages auf dem Weinberge seyn, und des Abends nach Hause gehen. Dieses aber wurde bald geändert. Die Frau mußte ihre Haushaltung allein führen, und die Magd beständig bei ihm bleiben.

Diese nichtswürdige Person ist es, welcher meine Schwester ihr ganzes Unglück zu verdanken hat. Sie ist es, die ihr das Herz ihres

Man-

Mannes raubte, sich selbst in eine unumschränkte Gebieterin des Hauses, und ihren Herrn in einen Tirannen gegen seine Frau verwandelte. Eine so traurige Veränderung hätte ihr nie im Traume vorkommen können. Nie hatte ihr Mann die geringste Vorliebe zu dieser Elenden geäussert, sondern vielmehr sich oft sehr ungehalten über sie bezeigt, besonders als ihm der älteste seiner Kostgänger kurz vor dem Ankaufe des Weinberges schriftlich meldete (der sittsame Jüngling schämte sich, es mündlich zu thun,) daß sie einmal des Nachts vor sein Bette gekommen, und ihn zur Unzucht hätte reitzen wollen. Der Herr D. hatte auch diesen Brief seiner Frau gewiesen, und sich dabei sehr entrüstet über die Frechheit der Magd, und vergnügt über die Rechtschaffenheit des jungen Menschen bezeigt.

Aber welche Veränderung! Eines Tages kam die Magd zu meiner Schwester in die Stadt, beschwerte sich mit vielem Trotze über ihren Herrn einer sehr unbedeutenden Ursach halber, schwatzte von mehrerm Lohne, den sie haben müßte, und drohete aus dem Dienste zu gehen. Sie dachte, sie müsse ihren Mann davon benachrichtigen, und besuchte ihn sogleich in Gesellschaft einer Freundin. Wie sie ihm den Trotz der Magd erzählet, antwortete er ganz gelassen: Es sey nicht unbillig, ihren Lohn etwas zu vermehren, da sie nun mehr Arbeit hätte; wollte sie aber nicht bleiben, könne sie reisen. Er redete aber bald aus einem andern Tone. Meine Schwester hatte bemerket, daß die Magd eine Coffeekanne zerbrochen hatte, und gab ihr deswegen einen sehr gemäßigten Verweiß, den sie mit mehrern vorhergegangenen Unvorsichtigkeiten dieser Art überflüssig verdienet hatte. Der Herr Gemahl hörete es, und wurde darüber so entrüstet, als wenn ihm selbst eine unverzeihliche Beleidigung wäre angethan worden. Er schämte sich nicht, in Gegenwart der Magd auf die unanständigste Weise gegen seine Frau zu toben, nicht anders, als wenn er die Magd aufmuntern wollte, ihre Frau als eine Nebenmagd anzusehen, die ihr nichts zu befehlen hätte, und der sie mit allem unverschämten Trotze ungestraft begegnen könnte.

So bestürzt sie über eine solche unerwartete Begegnung werden mußte, faßte sie sich doch, und wollte lieber ausweichen, als sich vertheidigen. Sie machte sich fertig, wieder nach der Stadt zu gehen, aber da sie ihn beim Abschiede umarmen wollte, fand sie nichts weniger, als die angeborne ausserordentliche Freundlichkeit, deren sich der Herr D. rühmet, und sonst auch mit Recht rühmen konnte. Sie wurde mit den mehr als bäurischen Worten zurück gestossen: Gehe, du nichtswürdige Canaille, und komme mir nicht mehr vor Augen.

Man kann denken, wie ihr bei dieser schrecklichen Kriegserklärung müsse zu Muthe gewesen seyn. Sie suchte es vor der Freundin, die sie begleitete, zu verbergen; diese errieth es aus ihren Thränen, es müsse ihr etwas sehr hartes begegnet seyn, konnte sie aber nicht dahin bringen, daß sie es offenherzig gestanden hätte. So sehr suchte sie den Mann zu schonen, der es so wenig verdiente.

An eben dem Tage erhielt sie den gemessenen Befehl, das Haus in der Stadt zu verlassen, und das etwas abgelegene Kelterhaus auf dem

Weinberge, wo sich 2 kleine Stuben und so viel Kammern befanden, mit den Kindern, ihrem Lehrer und den Kostgängern so lange zu beziehen, bis der Bau fertig wäre. Sie antwortete, dieses sey ihr unmöglich, weil sie krank sey, und sie würde auch nicht eher kommen, bis das Mensch abgeschaft sey, um derentwillen ihr so grausam begegnet worden.

Die bestürzten Kinder hatten unterdessen zwei der besten Freunde ihres Hauses gebeten, ihre kranke und sehr beunruhigte Mutter zu besuchen. Sie kamen, und erfuhren was vorgegangen. Als wahre und warme Freunde verfügten sie sich sogleich zu dem Herrn D., und baten ihn, seiner Frau die verlangte Abschaffung der Magd zu bewilligen. Sie stellten ihm vor, seine Frau sey überflüssig berechtiget, darauf zu dringen, indem dieses Mensch in vielen Absichten eine Nichtswürdige, und noch dazu eine schwangere Hure sey. Der älteste seiner Kostgänger hatte auch schon eben diese Bitte an ihn gethan, und ihn an dasjenige erinnert, was er ihm vor einiger Zeit schriftlich gemeldet hatte. Er schien einigermaßen in sich zu gehen. Er versprach, sie sollte

auf

auf Michaelis fort, und bat sie, seine Frau mit dieser Versicherung zu besänftigen.

Noch war es keine Eifersucht, die sie gegen die Magd aufbrachte. Noch war ihr Mann in ihren Gedanken nicht so tief gesunken, daß sie ihn für einen groben Ehebrecher hätte halten können, und sie behauptete gegen jedermann, er sey an der Schwangerschaft dieser Hure vollkommen unschuldig. Sie erinnerte sich, wie oft er seinen gerechten Abscheu an Ehemännern bezeigt, die sich an Huren hingen; wie oft er bemerkt, daß die Strafen Gottes an ihnen sichtbar würden, wobei er sie auf das Beispiel O. E. R. und ein anderes ähnliches verwieß, das sie in Dirkheim erlebt hatten. Sie konnte auch fast unmöglich auf ein Mensch eifersüchtig sein, welches auf keine Oberstelle unter den Höflichen gegründeten Anspruch machen konnte, und deren ganzes Wesen geschickter war, unreine Begierden zu dämpfen, als zu erwecken: Sie hatte aber sonst mehr denn zu viele und wichtige Ursachen, sich ihrem Bleiben zu widersetzen. Sie erfuhr, was man von schlechtem Gesinde mehrentheils zu spät zu erfahren pfleget, daß sie sich schon lange sehr übel aufgeführet,

ret, daß sie ihres vorigen Herrn Kebsweib gewesen, und dessen rechtschaffenen Frau die niederträchtigsten Mishandlungen bereitet habe: ja, daß sie zu einer Zeit, da sie dienstlos gewesen, die abscheuliche Rolle einer öffentlichen Hure in einem Gartenhause gespielet, die sich den Niedrigsten im Volk Preiß gegeben. Da sie nun noch dazu schwanger war, hätte meine Schwester gegen die Stimme der Ehre und des Gewissens taub seyn müssen, wenn sie ein solches Geschöpf im Hause geduldet hätte.

Sie verließ sich auf das Versprechen ihres Mannes, und sobald sie sich wieder etwas besser befand, verließ sie die Stadt, und bezog die ihr bestimmte unbequeme Wohnung im Kelterhause. Er wiederholte gegen sie selbst die Zusage, die Magd sollte auf Michaelis fort, wenn sie schwanger wäre. Es zeigte sich aber bald, daß er sich mit dieser Bedingung eine Ausflucht vorbehalten habe, und glaube, wenn er nur diese Schwangerschaft mit Ungestüm leugnete, sey er an sein Versprechen nicht gebunden. Die zu ihrer Abschaffung bestimmte Zeit war verflossen, und die Magd geblieben. Er lebte mit diesem Abschaum des weiblichen Geschlechts in einer Vertraulichkeit, die im-

immer grösser und unanständiger wurde. Ihr wurde Küche und Wirthschaft mit völliger Ausschliessung der Frau übergeben. Der Mann, dem seine Frau sonst alle Groschen abfordern mußte, vertrauete nun seiner geliebten Magd die ganze Casse. Des Mittags speisete Frau, Kinder, Lehrer, und die Kostgänger bei ihm auf seiner Stube, des Abends aber wurde ihnen allen ein nothdürftiges Butterbrod geschickt, und er ließ sich von seiner Magd mit einer ordentlichen Mahlzeit bedienen, die er in ihrer und seines Schreibers Gesellschaft zu sich nahm. Kam die Frau zuweilen des Nachmittags auf seine Stube, fand sie wohl die Magd bei ihm sitzen, die ihre schmuzzige Wäsche flickte, und nicht den geringsten Wink bekam, sich zu entfernen, ja wohl zurück gerufen werden sollte, wenn sie selbst so bescheiden war; und es mußte thörichter Stolz heißen, wenn sie einige Unzufriedenheit über eine solche Gesellschafts-Dame äusserte. Mit einem Worte, die Frau wohnte nun wohl im Hause, aber nicht gegen ihres Mannes Stube über, sondern im abgelegensten Winkel, in einem noch ganz feuchten Stübchen, damit sie nicht gewahr würde, daß

die

die Magd auch in dem Zimmer, wo der Herr D. schlief, die Nacht zubrächte, woran die Furcht für Gespenstern keinen Antheil hatte. Kurz sie fand, daß sie eine Null im Hause sey, und die Magd alle Rechte und Vorzüge einer Hausfrau durch eine Art von Bezauberung an sich gerissen habe. Einige Wochen hatte sie Geduld, auf Zureden gemeinschaftlicher Freunde, endlich aber faßte sie den Muth, ihrem Manne Vorstellungen zu thun. Das Gespräch war kurz, ich will es ganz hersetzen:

Die Frau. Sage mir lieber Vater, was bewegt dich, dieser Magd, die dir sonst so sehr zuwider war, einen so grossen Vorzug einzuräumen, und sie noch immer zu behalten, du hast es mir ja versprochen, sie abzuschaffen?

Der Doctor. Sie ist mir in meiner Wirthschaft unentbehrlich, und ihres gleichen bekomme ich nicht wieder.

Fr. Es wäre doch viel, wenn sie nicht ihres gleichen hätte; ich kann dir nicht bergen, daß ich gehört, du habest Verbindungen mit ihr, die du nicht aufheben könnest, was können dieses für Verbindungen seyn?

D. Ich

D. Ich habe keine Verbindung mit ihr, als die ich mit einer jeden andern Magd haben würde.

Fr. Gut, warum willst du sie denn nicht abschaffen? Du hast ja ausdrücklich gesagt: Ist die Canaille schwanger, so soll sie fort, und das ist sie, ich will mein Leben darauf verwetten.

D. (auffahrend) Das sind Lügen, verfluchte Lügen, sie ist nicht schwanger.

Fr. Lieber Vater, du kannst es leicht erfahren, daß sie schwanger sey. Wir sind hier allein, und es wird kein Aufsehen machen, wenn du in der Stille eine Hebamme kommen, und sie untersuchen läßt. Herr D. Gräbner wird uns gern den Gefallen thun, dabei zu seyn.

D. (fast wüthend) Deine verfluchte Eifersucht ist es, die dich solche Lästerungen glauben heißet. Schon so lange hast du mich mit deiner Eifersucht gequälet. Sie wird dich noch wahnwitzig machen, und mich dahin bringen, daß ich dich an einem sichern

Orte muß einsperren lassen. Hier mußte sie schweigen, und sie schwieg.

Was er für Verläumdungen und Lästerungen ausschrie, wurde indessen immer sichtbarer, und doch sollte es die Frau im Hause nicht gewahr werden. Deswegen verbot er ihr, weder in die Wirthschafts-Stube, noch in die Küche zu kommen, mit der angehängten niederträchtigen Bedrohung, er wolle sie mit der Hetz-Peitsche heraus jagen. Er aber besuchte nun beide Oerter desto fleißiger.

So verging der Winter unter diesem bald abgebrochenen, bald wieder erneuerten Zwiste. Der Herr D. schätzte seine Gebieterin immer höher, bewunderte und lobte alles, was sie nur sagen oder thun mochte, und begegnete seiner Frau mit immer mehr Verachtung und Härte.

Sie suchte ihre traurige Lage zu verheelen, aber das Wesentliche davon mußte natürlicher Weise ruchtbar werden. Maurer, Zimmerleute und Gäste wurden sehr oft Zeugen, wie verächtlich sie behandelt wurde, und wie hoch die schwangere Magd im Hause angeschrieben stehe. Der Ruf davon breitete sich auch in Leipzig aus. Die würdige Frau Mutter unsers Herrn D., seine Geschwischwister, seine besten Freunde in Halle vereinten sich, ihm die nachdrücklichsten Vorstellungen zu thun. Seine Frau ließ auch nicht nach, ihm auf die liebreichste Art zuzureden, daß er endlich versprach, auf Ostern die Magd abzudanken, aber eben so wenig dies sein gegebenes Wort zu halten gedachte.

Die Schwangerschaft der Magd, die der Herr D. mit so vieler Heftigkeit bestritten hatte, wurde immer augenscheinlicher, und seine Verlegenheit grösser. Ein Peruckenmacher, den sie für den Vater ihrer Leibesfrucht ausgab, war fort, und ein Student, der nach ihrem Vorgeben eben so viel Recht auf diesen Namen hätte, sollte gestorben seyn. Gern hätte ihr der Herr D. einen Mann gekauft, aber es wollte sich keiner finden. Er that in dieser Absicht einem Soldaten und Bedienten eines Hauptmannes den Vorschlag, ihn auf Lebenszeit als einen Bearbeiter seines Weinberges zu behalten, dieser aber wollte sich nicht dazu verstehen. Konnte er sie denn nicht an einen etwas entfernten Ort bringen, und sie eine Reise vorgeben lassen? Auch das nicht. Er konnte sie so lange nicht entbehren.

ren. Ihre Niederkunft näherte sich, und er beschloß, daß solche ganz in geheim auf seinem Kirschberge erfolgen sollte. Etwan 14 Tage vorher nahm er noch eine Weibsperson von ihrer Bekanntschaft zu sich, welche im Hause die der Magd nun zu schwer werdende Arbeit verrichten mußte, und bei dem bevorstehenden Falle hülfliche Hand bieten könnte. Beide mußten, da er eben seinen versoffenen Schreiber fortgejagt, in der neben seiner Stube befindlichen Kammer schlafen.

Die unschuldig verleumdete Person fing endlich an zu kreissen, und es war keine Zeit zu verlieren. Er ließ sie auf seinem Wagen unter der Mittags-Mahlzeit, damit es von seinen Hausgenossen niemand gewahr würde, nach seiner kleinen Meierei, die der Kirschberg heißet, bringen, und gab gegen seine Frau, Kinder und Kostgänger vor, sie wäre zu ihren Eltern verreiset, die ein Testament machen wollten. Sie stellten sich, als wenn sie dieses Mährchen glaubten, hatten aber Mühe, sich dabei des Lachens zu enthalten, da sie wusten, es wären blutarme Leute, die Kinder gnug, aber nicht das mindeste Vermö-

gen

gen besäßen. Des Abends speiseten alle zum ersten mal auf seiner Stube, seitdem er den Weinberg bewohnte. Mit dem Glockenschlage Neune trieb er sie an, sich in ihr Schlafzimmer zu begeben. Es war die dunkelste Nacht mit Sturm und Schneegestöber, daß man, wie man im gemeinen Leben zu sagen pflegt, keinen Hund hätte ausjagen mögen. Dieses aber hielt ihn nicht ab, er mußte auf den Kirschberg gehen und bei der Niederkunft gegenwärtig seyn; sobald diese erfolget, schlich er sich in aller Stille wieder ins Haus. Dieses geschah in einer Nacht zwischen dem Sonnabende und Sonntage. Er hatte zugleich Anstalt gemacht, daß das Kind am Sonntage auf dem Kirschberge getauft, nach seinem und seiner Frau Namen Johanne Caroline genennt, und einem Soldatenweibe in die Kost gegeben wurde. Des Montagsabends ließ er sie wieder so heimlich, als es ihm möglich war, ins Haus und ins Bett bringen, und wollte seinen Hausgenossen einbilden, sie sey vom Postwagen gefallen, und habe sich so beschädigt, daß sie das Bette hüten müßte, sie wußten es aber schon besser, was ihr fehle.

Nun glaubte er alles so listig veranstaltet zu haben, daß niemand etwas erfahren sollte, es hatte ihm auch Geld genug gekostet, aber Frau Fama hatte es schon in der Stadt ausposaunet. Seine zweite Tochter, die sich einige Tage darinn aufgehalten hatte, und am Dienstage des Morgens wieder nach Hause gehen wollte, fand sich von einem Heer Straßenjungen umringt, welche ihr nachschrieen, sehet hier die Tochter des saubern Mannes, dessen Magd auf dem Kirschberge ein Hurkind bekommen, so daß sie in ein Haus flüchten mußte.

Das Kind unterstand sich nicht, allein nach Hause zu gehen, und bat einen Freund ihres Vaters, sie zu begleiten. Der redliche Mann that es, und sprach zuerst bei meiner Schwester ein; er bat sie, sich zu beruhigen, und machte ihr Hoffnung, sein Zureden werde bei ihrem Manne etwas ausrichten. Diesem stellte er auch vor, es sey nun die höchste Zeit, das Mensch aus seinem Hause zu schaffen. Ihr Abentheuer habe sich schon in der Stadt ausgebreitet, und er könne leicht einsehen, was man von ihm denken und reden würde, wenn er sie länger behielte.

Er

Er wußte nicht, wie er ausweichen sollte, und bat nur, ihm einige Tage Ruhe zu gönnen, damit er die nöthigen Maaßregeln nehmen und ausführen könnte. Seine Frau benutzte diesen Zeitpunkt einer anscheinenden Unschlüßigkeit. Sie hütete sich sehr, ihm bittere oder beissende Vorwürfe zu machen, sie drang nur mit anhaltendem Bitten in ihn, der Magd den Abschied zu geben. Er wollte wohl böse thun, und seine Frau beschuldigen, sie sey es, die in der Stadt umher gelaufen, und alles ausgeklatscht habe, er merkte aber doch, es sey nun nicht so leicht mehr, sie in Furcht zu jagen, da er die ehemals so trotzig geläugnete Schwangerschaft der Hure nun einräumen mußte. Er fing an gelindere Saiten aufzuziehen, und suchte mit Bitten und Versprechungen das zu erhalten, was er mit Poltern und Toben zu fordern sich nunmehr schämen mußte. Er bat, nur noch die wenigen Wochen bis zu Ostern Geduld zu haben, dann wolle er die Magd ihres Dienstes entlassen. Sie duldete also, daß die öffentlich zu Schanden gewordene Hure im Hause bliebe, sie duldete, daß selbige, sobald sie das Bette verlassen, nach wie vor die ganze Haushaltung führte, sie duldete, daß sie ihrem Herrn wiederum bei Tage und Nacht Gesellschaft leistete, und sich ihrer Vertraulichkeit mit ihm öffentlich rühmte. Diese ihre Geduld machte dem Herrn D. Muth, noch einen Versuch anzustellen, ob er sie nicht zur gänzlichen Beibehaltung dieser Elenden bewegen könnte.

Er nahm die Gelegenheit wahr, da sie eben in der Stadt einen Besuch bei ihrer gemeinschaftlichen Freundin, der Fr. D. Conradi abstattete. An diese schrieb er einen langen Brief, den sie seiner Frau vorlegen sollte. Das Wesentliche davon war: „Große Lobeserhebungen seiner „Magd, was sie für eine vortrefliche, treue und „arbeitsame Haushälterin sey, ohne welche seine „ganze Wirthschaft zu Grunde gehen müsse, und „von der seine Tochter, Wirthschaft zu führen, „lernen sollte. Allerhand Verheißungen, wie „gefällig er gegen seine Frau seyn würde, wenn „sie sich ihr Bleiben gefallen ließe. Er wolle ihr „ein ansehnliches Wochengeld geben, zu ihrem „selbst beliebigen Gebrauch. Er wolle sie oft und „reichlich beschenken, sein Wagen solle ihr stets „zu Diensten seyn, wenn sie sich eine Verände-

„rung machen wollte, und was dergleichen „Herrlichkeiten mehr waren. Die Fr. D. Con„radi sollte auch Antheil daran nehmen, wenn „sie seine Fürsprecherin würde, seine Frau „sollte 14 Tage bei ihr bleiben, und sein Wa„gen sollte stets bereit seyn, wenn sie mit ein„ander spatzieren fahren, oder ihn besuchen woll„ten." Man kann leicht denken, daß ihm die gesuchte Vermittelung nicht gewähret wurde, und man müßte sehr schlecht von seiner Frau denken, wenn sie eingewilliget hätte. Sie bestand unbeweglich darauf, das Mensch müsse fort, worinn sie ihre eigne noch gut gesinnte Tochter bestärkte. Ostern kam inzwischen und sie blieb.

Der Herr D. suchte nichts als Aufschub. Er hatte schon lange bei sich beschlossen, lieber die Frau, als die Magd zu entbehren, und suchte nur einen Vorwand, die erstere auf eine Zeitlang zu entfernen. Er that ihr den Vorschlag, seine zweite Tochter zu ihrer Nichte zu bringen, die an einen Prediger zu Cobstedt im Gothaischen verheirathet war, damit sie von selbigem noch weiter im Christenthum unterrichtet, (sie war schon vorher einige Zeit bei ihm gewesen) und confirmirt würde.

Dieses konnte fast unmöglich seine wirkliche Absicht seyn, wenn man seine Religionsmeinungen überlegt. „Ein Mann, welcher alle positive Religion für Pfaffenbetrug hält, und also „vermöge des Gegensatzes eine blos negative „Religion haben will, der öffentlich gestehet, „der Haß gegen alles, was Priester und Prie„sterreligion heißet, sey das unzerstöhrbare Trieb„werk seines ganzen Lebens geworden, der den „Lehrer seiner Kinder abgedankt hatte, und nicht „willens war, einen andern anzunehmen, ja, der „alle Männer der Nation so pathetisch auffordert, „sich mit ihm und seinen 22 Conföderirten zu Ent„thronung des Fanatismus (das kann doch nichts „anders seyn, als die christliche Religion) zu ver„einigen," der sollte seine Tochter einem Priester anvertrauen, und Kostgeld für sie bezahlen, damit sie zu einer Christin gebildet würde; wer kann dieses glauben? Er konnte ihr in einer Stunde seine negative Religion beibringen, wie er auch jetzt wirklich thut. Die Folge wird noch deutlicher zeigen, daß es ihm damit blos um die

Entfernung seiner Frau zu thun gewesen. Er wollte ihr alsdenn so harte Briefe schreiben, und Forderungen, die sie nicht eingehen könnte, vorlegen, damit ihr die Lust wiederzukommen vergehen müßte, und er alsdenn einen Vorwand hätte, sie als eine Person, die ihn böslich verlassen, auszuschreien, oder sie deswegen wohl gar gerichtlich zu belangen. Ob sie aber gleich etwas von diesen Absichten merkte, war sie doch deswegen unbekümmert, und erklärte ihm ihre Bereitwilligkeit, abzureisen.

Ehe dieses aber geschehen konnte, bedurfte er ihre Einwilligung in einer noch wichtigern Sache. Er hatte seinen Weinberg von geschwornen Personen schätzen lassen, um diejenigen, denen er von dem vorigen Besitzer zum Unterpfande verschrieben war, zu überzeugen, daß er nun mehr werth sey, und sie ihre Gelder sicher darauf stehen lassen könnten. Die ansehnlichsten Gläubiger waren es auch zufrieden, wenn seine Frau sich mit verbürgte. Er hatte Ursache zu zweifeln, ob er sie dazu bereden würde. Vor einiger Zeit hatte sie von dem ihrem Bruder gethanen Vorschusse 400 Rthlr. ausgezahlt bekommen.

men. Diese waren einem sichern Freunde geliehen worden, und sie sollte davon die jährigen Zinsen zu ihrem eigenen Gebrauche haben. Er kündigte aber dieses Capital auf, und sagte es ihr nicht eher, bis er das Geld in Händen hatte. Nun mußte sie wohl die Verschreibung heraus geben, und den Empfang bescheinigen. Er konnte also leicht einsehen, daß sie sich ungern zu einer neuen Bürgschaft verstehen würde, und doch, als er ihr anlag, dieserwegen in die Stadt zu gehen, von ihrem Herrn Curator die nöthige Vollmacht ausfertigen zu lassen, und solche unterschrieben zurück zu lassen, so machte sie keine andere Schwierigkeit, als die sie in ihrer Lage machen mußte. Sie schrieb ihm:

„Er könne ihr nicht zumuthen, daß sie für „seine Schulden haften sollte, die er ohne ihre „Einwilligung gemacht. Sie hätte es noch nicht „vergessen, wie nachtheilig ihre Mitunterschrift „ihr in Heidesheim geworden, ja, seine eigene „Frau Mutter hätte sie nachdrücklich ermahnet, „sich nie zu einer neuen Unterschrift bewegen zu „lassen. Demohngeachtet sey sie dazu erbötig, „aber unter der Bedingung, daß die Hure so-

„gleich

„gleich aus dem Hause geschaft würde, und sie „selbst käme nicht eher zu Hause, bis er diese „gerechte Forderung erfüllet habe.“

Auf einem abgerissenen Stückchen Papier empfing sie die Antwort ohne Ueber- und Unterschrift, die ich als ein sonderbares Beispiel der hochgerühmten außerordentlichen Freundlichkeit des Herrn D. wörtlich hier einrücke.

„Schon hatte ich Entwürfe gemacht, wie „ich deine anscheinende Besserung dir belohnen, „und meine rückkehrende Liebe empfinden lassen „wollte. Jetzt sehe ich, daß du mit bloßer Heu- „chelei mich hintergangen hast, und so gar mit „Drohungen mich recht heimtückisch überfallen „willst. Wisse also, daß mein Rathschluß ge- „fasset ist, nie unter einem Weibe zu erliegen. „Laß Vermögen und Kinder zu Grunde gehen. „Ergieb dich selbst dem Teufel. Mich sollst du „nie zwingen. Mache dich also auf alles gefaßt, „aber nicht auf meine Demüthigung, und Herab- „lassung zur Liebe um deine Unterschrift. Brauchst „du zu Rettung deines Vermögens kein Geld, „so habe ich auch keines nöthig. Ich werde mit „gespicktem Beutel abziehen, wenns zu Ende

„gehen wird. Vor mein Angesicht wage es nicht „zu kommen, ohne Widerruf deines unsinnigen „Briefes. Willst du schurkischen Leuten folgen, „ohne die Vernunft zu hören, so sind wir ge„schiedene Leute."

Anfangs wollte sie sich durch diese Drohungen nicht schrecken lassen, und unbeweglich auf ihrer so gerechten Forderung bestehen. Sie glaubte, es wären leere Drohungen, womit er sie nur in Furcht jagen wollte. Da aber ihre Freunde, denen sie eine tiefere Einsicht in die Gemüthsart ihres Mannes zutrauen konnte, sie einstimmig versicherten, er sey allerdings vermögend, einen verzweifelten Entschluß zu fassen und auszuführen, und sie überdem auch wußte, daß er eine ansehnliche Summe Geldes in Händen habe, sahe sie sich gezwungen, nachzugeben, und die von ihr geforderte Vollmacht zu unterschreiben.

Man hätte denken sollen, so viel Nachgeben und Aufopfern würde die erstorbene Liebe in seinem Herzen wieder erwecket haben, aber davon zeigte sich nicht die geringste Spur in seinem Betragen. Er bezeigte sich gegen seine Frau so

gleich=

gleichgültig und unempfindlich, als ein gebietender Herr gegen seinen unterthänigen Sklaven, der das gethan, was er zu thun schuldig gewesen, und suchte nur ihre Abreise zu beschleunigen. Sie machte sich also mit einem zwischen Furcht und Hoffnung schwebenden Herzen auf den Weg, brachte ihre Tochter nach Cobstedt, und nachdem sie daselbst einige Tage verweilet, kam sie im Mai 1788 bei mir an.

Dreizehnter Abschnitt.

Schriftliche Unterhandlungen mit Herrn D. Bahrdt, ob die Magd der Frau, oder die Frau der Magd weichen solle.

Ich wurde durch ihre Ankunft auf eine angenehme Weise überrascht, weil sie mir ganz unerwartet war. Aber wie erschrack ich, als sie mir ihre traurige Geschichte erzählte. Ich hatte nicht das Mindeste davon gewußt, daß sie mit ihrem Manne in einer so unglücklichen Uneinigkeit lebte. Seit einiger Zeit hatte ich wohl in ih-

ihren Briefen ein trauriges und niedergeschlagenes Wesen bemerkt, aber solches für eine Folge ihrer geschwächten Gesundheit gehalten, weil sie die wahre Ursach davon sowohl gegen mich, als meine Schwester sorgfältig verheelet hatte und gern vor der ganzen Welt verheelet hätte. So lieb war ihr die Ehre ihres Mannes, die er selbst so unwürdig verscherzte.

Nun mußte sie mir ihr Herzleid umständlich offenbaren, da sie sich die Hoffnung machte, ich würde zu dessen Linderung etwas beitragen können. Wie ein Mensch, der in Gefahr ist zu ertrinken, nach einem Strohhalm greifet, und sich daran halten zu können glaubt; so glaubte auch meine unglückliche Schwester, meine Vorstellung würde bei ihrem Manne etwas zu ihrem Besten ausrichten, und bat mich, es zu versuchen. Ich konnte es ihr nicht abschlagen, ob ich gleich an einem erwünschten Erfolg sehr zweifelte. Ich wußte, daß biblische Bewegungsgründe nichts bei ihm vermochten, suchte also nur von der Seite der Ehrbegierde ihm beizukommen, und schrieb an ihn folgenden Brief:

P. P.

P. P.

„Sie würden mich verachten müssen, wenn „ich bei der traurigen Lage gleichgültig wäre, in „welcher Sie und Ihre unglückliche Gattin sich „gegenwärtig befinden. Wie glücklich würde ich „mich schätzen, wenn ich zur Wiederherstellung „Ihrer so sehr zerrütteten Glückseligkeit etwas bei„tragen, und meiner armen Schwester zur Wie„dererlangung einer 18 jährigen Achtung und Lie„be behülflich seyn könnte, die sie so unverschul„det verloren.

„Was verlangt sie mehr, als daß Sie eine „Person, die ihr zuwider, und mit so gutem „Grunde zuwider ist, aus ihrem Dienste schaffen „sollen? Brauche ich es wohl Ihnen zu sagen, „daß eine Frau ein unstreitiges Recht habe, ihre „Mägde zu miethen und abzuschaffen, und daß „der Mann von seiner Würde herabsinke, wenn „er seiner Frau dieses Recht streitig macht? „Und wie wird es in diesem Falle auf der einen „Seite behauptet, und auf der andern Seite be„stritten? Ihre liebe Frau sucht es nicht mit „einem beleidigenden Ungestüm, sondern mit

„Bit-

„Bitten und Thränen zu behaupten; aber sie wird „mit den empfindlichsten Kränkungen, und ange„droheten niederträchtigsten Mißhandlungen ab„gewiesen, und zur Belohnung einer 18 jährigen „Liebe und Treue einer Nichtswürdigen, einer „Hure aufgeopfert.

„Muß Ihnen nicht Ihr eigenes Gewissen „sagen, wie sehr Sie ihren bisher in so man„chen Prüfungen behaupteten rechtschaffenen Cha„rakter vergessen, und sich dem Hohngelächter „Ihrer Feinde (Sie wissen doch, daß Sie Feinde „haben) Preiß geben? Sie schenken auf ein„mal einer Magd, die in schlechtem Rufe stehet, „und Ihnen selbst im Anfange zuwider gewesen, „eine unbegränzte Achtung, und können es ge„lassen ansehen, wenn sie sich deswegen erhebt, „und Ihrer Frau trotzet. Sie übergeben dieser „Nichtswürdigen die ununischränkte Besorgung „der Küche und Wirthschaft, vertrauen ihr die „Casse an, und machen sie im eigentlichsten Ver„stande zur Frau vom Hause, und ihre Frau „zu einer dieser Herrschaft untergeordneten Magd.

Doch

„Doch dieses sind Kleinigkeiten in Betrachtung „der folgenden.

„Sie werden gewarnet, diese so hochgeschätzte „und erhobene Magd sey eine schwangere Hure, „und behalten sie demohngeachtet. Sie sind ihr „behülflich, ihre Schwangerschaft zu verbergen. „Sie besorgen ihre geheime Niederkunft auf dem „Kirschberge, und lassen sich das schrecklichste Wet„ter, und die dunkelste Nacht nicht abhalten, „dabei gegenwärtig zu seyn (eine Gewogenheit, „die Ihre Frau in den letztern Kindbetten, aus „Sorge für Ihre Ruhe und Gesundheit nicht „verlangen wollte.) Sie geben mit vollen Händen „alles her, was ein solcher Vorfall kostet, und „nehmen ein so verabscheuungswürdiges Ge„schöpf sogleich wieder in ihr Haus auf, wo „sie mit desto grösserer Unverschämtheit herrschet, „und ihre Frau empfinden lässet, wie hoch sie in „der Gewogenheit des Herrn vom Hause ange„schrieben stehe. Alles dieses sind keine Klat„schereien und Verläumdungen, es sind offenba„re Thatsachen, und Ihre arme Frau müßte mehr als eine stoische Philosophin, sie müßte ein un„empfindlicher Klotz seyn, wenn sie länger mit

Ge-

„Gelassenheit eine Person dulden wollte, die „ihr das schätzbarste Gut, die Liebe ihres Man„nes raubet, sein Vermögen nach Herzenslust „verschwendet und veruntreuet, ihn selbst in „Schimpf und Schande bringt, und den Kin„dern ein so schreckliches Aergerniß bereitet.

„Sie wissen, was die Welt von solchen Be„gebenheiten urtheilt, und Sie müssen es em„pfinden, wie nachtheilig es Ihnen seyn würde, „wenn diese Geschichte in einer neuen Auflage „eines Kirchen- und Ketzeralmanachs ans Licht „käme. Ich bewundere dabei die in dem Herzen „Ihrer verachteten Ehegattin herrschende Liebe, „welche keinem bösen Argwohn Platz verstattet, „sondern alles nur allein auf die Rechnung eines „unbegreiflichen Eigensinnes schreibet, welche be„reit ist, alles zu vergessen, und Sie mit offe„nen Armen zu empfangen, wenn Sie kommen „werden, sie abzuholen, und die nöthigen Be„scheinigungen einiger Freunde mitbringen, daß „das Mensch fortgeschaft sey. Aber dieses ist „auch die einige Bedingung, von welcher Ehre, „Pflicht und Gewissen ihr nicht erlauben abzu„gehen.

„Kann es Ihnen wohl schwer fallen, diese „Bedingung zu erfüllen, und können Sie wohl „so verblendet seyn, daß sie es für eine niedrige „Verleugnung der männlichen Hoheit und Herr„schaft halten sollten, wenn Sie den Bitten und „Thränen einer würdigen Ehegattin etwas ein„räumten, was Ihre eigne Ehre, ja Ihre zeit„liche und ewige Wohlfahrt erfordert? Können „Sie es vergessen haben, daß der Sieg über „unsere Leidenschaften der herrlichste Sieg sey, „in welchem die größten Monarchen ihre Ehre „gesucht und gefunden?

„Bestehen Sie aber darauf, das Mensch „zu behalten, so müssen Sie die Hoffnung, „Ihre Frau bei sich zu sehen, aufgeben. Sie „hat mir aufgetragen, Ihnen den standhaf„ten Entschluß zu melden, daß sie lieber „ihr Brodt vor den Thüren suchen, ja lieber „eine Stelle im Zuchthause erwählen wollte, „als daß sie sich wieder in die allerunerträg„lichste Sklaverei einer gebietenden Magd „begeben, und den Jammer eines zu Grun„de gerichteten Ehegatten und verderbter „Kinder mit ansehen sollte.

„Sie erwartet Ihre Erklärung mit Schmer„zensvoller Sehnsucht, und ihre inständige Bitte „gehet dahin, sie nicht länger zwischen Furcht „und Hoffnung schmachten zu lassen, sondern „ihr Schicksal ein für allemal bald zu bestimmen. „Der Allmächtige lenke Ihr Herz, daß Sie sich „selbst eine geliebte Ehegattin, und mit dersel„ben die vorige Ruhe und beste Freude dieses „Lebens wieder geben. Werden Sie aber darauf „bestehen, Ihre Frau einer so wenig es verdienen„den Magd aufzuopfern, so muß ich glauben, „daß Sie die ganze Tragödie nur in der Absicht „angestellet, Ihre Frau los zu werden. Sie wird „aber doch Ihre Freundin bleiben, und wenn „sie weiter nichts thun kann, für Sie beten, und „dieses wird auch für seine Pflicht halten.

Ew. Hochw.

ergebenster Freund und Diener

Ammer,
d. 22. Mai 1788.

G. G. Volland.

Ich muß gestehen, daß ich bei diesem Briefe noch eine andere Absicht hatte. So gut ich auch von der Aufrichtigkeit und Wahrheitsliebe mei-

ner

ner Schwester überzeugt war, konnte ich mich doch nicht aller Zweifel erwehren, ob sich nicht in ihre Erzählung etwas Partheilichkeit eingemischt habe, die sie verleitet, bald zu vergrössern, bald zu vermindern, und ob nicht auch von ihrer Seite etwas versehen worden. Ich würde, dachte ich, doch erfahren, was der Mann zu seiner Rechtfertigung oder zu Verminderung seiner Schuld anzuführen habe.

Es vergingen drei Wochen, ehe ich eine Antwort erhielt. In dieser Zeit schrieb er folgenden Brief an seine Frau, der meine gemeldeten Zweifel aufhob, und mich von der Unschuld meiner Schwester noch stärker überzeugte. Die oben angeführte Absicht, seine Frau zu entfernen, sie in ihrer Abwesenheit mit so vieler Härte und bittern und ungegründeten Vorwürfen zu kränken, und ihr Bedingungen vorzuschreiben, von welchen er wohl wußte, daß keine rechtschaffene Frau sie eingehen könnte, damit ihr die Lust wiederzukommen vergehen möchte, leuchtet aus demselben sonnenklar hervor; und eben so deutlich beweiset er, daß er an nichts weniger dachte, als sein so oft wiederholtes Versprechen, die Magd abzuschaffen, zu erfüllen. Hier ist der Brief, in so weit der Inhalt zur Hauptsache gehöret.

Liebes Kind,

„— — — — Abholen würde ich dich, „wenn ich nicht schon wüßte, daß deine Christel al„lerlei Erzählungen in eurem Zirkel gemacht hat, „(vielleicht auch du) die mich verscheuchen. We„nigstens muß ich aus dem, was mir Quas nach „deiner Abreise gestanden hat, (z. E. von einem „Messer, womit du dich oder mich erstechen woll„test, wenn die Christine bliebe) fast sicher urthei„len, daß ich schlechte Aussichten für meine Ru„he habe.

„Du hast indessen jetzt Zeit, mit deiner Ver„nunft zu Rathe zu gehen, und zu versuchen, ob „du deine Phantasie besiegen, und mit mir in Ru„he leben kannst. Sollte dir's bei meiner häusli„chen Einrichtung nicht möglich seyn, bei mir zu „leben, so sage es in Zeiten, damit wir nicht bei„de uns zum Unglück der armen Kinder aufopfern.

„Entschliessest du dich aber, ohne meine zeit„herige Haushaltung zu stöhren, und ohne einen

„Men-

„Menschen mit romanhaften Klagen in den Ohren „zu liegen, bei mir zu bleiben, so halte auch Wort. „Denn deine Vertraulichkeit gegen Quas, (wel„cher bereit ist, alles vor Gerichte zu beschwören) „ist das allerlezte, was ich dulde. Der erste Fall, „wo du einem Menschen deine Träume erzählst, „wird mich bestimmen, auf der Stelle, dich oder „mich aufzupacken und zu transportiren.

„Gott im Himmel weiß es, daß ich bei dei„nen Leiden, die deine Träume dir machen, nicht „gleichgültig bin. Aber bei eben diesem Gott „versichere ich dich, daß ich mich nie entschließen „werde, mich und meine Kinder dafür aufzu„opfern, damit ich dich schonen möge.

„Ich bitte also Gott, daß er dein Herz re„giere, deine unbändige Leidenschaft mildere, und „es dir möglich mache, in Ruhe und Bequem„lichkeit bei mir zu leben. Kein Mensch wird „dich kränken, wenn du durch deine unbeson„nenen Reden nicht neues Oel ins Feuer schüttest.

„Ueberlege ernsthaft und unpartheiisch, und „schreib mir in ein paar Wochen erst deinen „reifgewordenen Entschluß. Aber dann Ja oder „Nein rein weg, und ohne alle Conditionen

„und Prätensionen. Ich bin mit dem reinsten „Herzen Dein

Bahrdt.

Der Befehl, die Antwort erst nach 14 Tagen zu schicken, verpflichtete mich nicht. Ich schrieb sogleich an ihrer Statt.

Lieber Herr Bruder!

„Drei Wochen sind es, daß ich in einer sehr „wichtigen Sache an Sie geschrieben, und noch „keine Antwort. Ich bin sehr geneigt, diesen „Verzug für ein gutes Zeichen zu halten, und zu „glauben, Sie würden das thun, was Sie „Ihrer Frau rathen, nehmlich unpartheiisch über„legen, Ihre Leidenschaft besiegen, und eine zu „Ihrer Ehre gereichende reifgewordene Entschlies„sung melden. Wenn ich mir aber auf der „andern Seite vorstelle, daß ein Mann von Ih„rem Geiste, ein Mann, der von den traurigen „Folgen des gebrochenen Ehevertrags so edel denkt „und schreibt, daß ein solcher Mann gewißlich nicht „so lange Zeit gebrauche, sich zu besinnen, was „in Ihrer gegenwärtigen Verfassung Recht oder

„Un-

„Unrecht sey, so fängt meine Hoffnung an sehr zu „wanken, und wenn ich an den Brief gedenke, „den Sie an Ihre so sehr beleidigte Frau schrei„ben, so will sie gänzlich sinken.

„Würden Sie es mir verdenken können, wenn „ich der Vermuthung Raum gäbe, Sie hätten ihn „wirklich in der Absicht geschrieben, ihr damit „das Herz zu brechen. Denn dieses würde seine „natürliche Folge gewesen seyn, wenn nicht Re„ligion und ein gutes Gewissen sie gestärket. „Von ihr werden Sie wohl keine Antwort auf „einen Brief erwarten, der so sehr in dem Tone „eines Groß-Sultans geschrieben ist, welcher „seiner niedrigsten Sklavin fürchterlich drohet, „und blinde Demüthigung fordert. Liebster Herr „Bruder, wo gerathen Sie hin, da Sie sonst „immer ein Freund der Wahrheit und Tugend „gewesen? Wie können Sie so bittere Vorwür„fe machen, von denen Sie selbst wissen, daß „sie ganz unverschuldet seyn? Wie können Sie „zu offenbaren Unwahrheiten ihre Zuflucht neh„men, um Ihrer ganz unnatürlichen Härte ei„nen Anstrich zu geben? Wie können Sie For„derungen machen, von denen Ihnen Ihr Herz

„sagen muß, Ihre Frau müsse auf die niederträchtigste Weise die Pflichten einer Ehegattin und Mutter verleugnen, wenn sie solche einginge.

„Träume, romanhafte Träume sollen es seyn, die Ihre Frau elend machen. Hat es ihr denn geträumet, daß sie mit der Hetzpeitsche bedrohet worden, damit sie nicht in die Wirthschafts-Stube gehen, und die Schwangerschaft einer Nichtswürdigen bemerken sollte? Hat es ihr geträumet, daß sie in ein nasses Gefängniß verstoßen worden, da die Hure mit ihrem Ehegatten in seiner Stube speiset, und in der Nebenkammer schläft? Hat es ihr denn geträumet, daß diese Hure auf dem Kirschberge ein Kind zur Welt gebracht, daß Sie dabei gegenwärtig gewesen, alles bezahlt, und das Kind Johanne Caroline nennen lassen? Sind dieses nicht abscheuliche und zum Theil Stadt und Landkundige Würklichkeiten? Heißet denn das Oel ins Feuer gießen, wenn eine rechtschaffene Frau sich lange vergeblich bemüht, das wilde Feuer ihres Mannes mit ihren Thränen zu löschen, und endlich die Hülfe gemeinschaftlicher Freunde auffordert, um es zu dämpfen?

„Aber

„Aber sie hat gegen den Pachter gedrohet, „sie wolle sich oder Sie erstechen! Ich dächte, Sie „schämten sich, solche handgreifliche Unwahrhei„ten zu erdichten, oder Ihrer boshaften Aufwär„terin zu glauben; aber sie haben schon gegen den „Herrn Oberamtmann gezeigt, daß Sie vermö„gend sind, Ihrer sanften und um Sie so sehr be„sorgten Frau Reden aufzubürden, die Sie selbst „ausgestoßen: und kann dieses auch ein Traum „genennet werden, da Sie jetzt mit kaltem Blute „schreiben: Sie wären bereit, sich oder ihre „Frau aufzupacken und zu transportiren.

„Ich mag diesen Gedanken nicht näher be„trachten, er ist mir zu schauderhaft, aber ich „möchte doch wohl wissen, ob Ihnen nicht Hand „und Herz gezittert, als Sie schrieben: «Gott „im Himmel weiß es, daß ich mich nicht „entschließen kann, mich und meine Kinder „aufzuopfern, um dich zu schonen. Ich bit„te Gott, daß er dein Herz regiere, deine „unbändigen Leidenschaften zu mildern, und „in Ruhe bei mir zu wohnen.

„Ist es denn nicht eben diese Aufopferung, „welche Ihre Frau durch die Fortschaffung einer

„nichtswürdigen Person zu verhindern suchet, „und welche besonders in Ansehung der Kinder „unvermeidlich ist, wenn sie ohne fernern Unter„richt eines vernünftigen Lehrers dieser Hofmei„sterin übergeben werden. Und können Sie wirk„lich Gott bitten, er möge das Herz Ihrer Frau „regieren, daß sie Ihre jetzige Haushaltung un„gestört lasse, zu ihrem nassen Gefängnisse und „Sklaverei wieder zurückkehre, die niederträchtig„ste Begegnungen, ohne zu muchsen, ertrage, und „ein Recht aufgebe, das noch niemand einem zer„tretenen Wurme streitig gemacht? O möchten „Sie doch Gott bitten, Ihre eigne unbändigen „Leidenschaften zu mildern, und Ihnen die Augen „zu öfnen, den schrecklichen Abgrund zu sehen, an „dessen Rande sie stehen.

„Sie irren sich, wenn Sie glauben, Ihre „Frau durch ihren Brief so in Furcht gesetzt zu „haben, daß sie sich alles gefallen lassen müsse. Sie „bleibt dabei: **Ihre jetzige Haushaltung müs„se** gestöhret werden, Ihre Haushälterin **müsse** „fort, und sie muß dabei bleiben, wenn sie nicht „mit Ihnen und mit Ihren Kindern zu Grunde „gehen soll. Wollen Sie sich nicht selbst dazu

ent-

„entschließen, so wird es etwas sehr leichtes seyn, „Sie durch obrigkeitliche Hülfe dahin zu vermögen, „daß

1) „Ihre jetzige Haushälterin Christine aus „dem Hause geschaft, und unter keinem „Vorwande wieder aufgenommen werde.

2) „Daß Ihre Frau künftig ganz allein das „Recht und die Macht haben solle, Mägde „zu miethen und zu entlassen.

„Sie wissen, was sie für unwidersprechliche Be„weise in Händen habe, daß ihre Beschwerden „keine Träume, sondern Thatsachen seyn, und „alle gütliche Mittel vergeblich versucht werden. „Sie wissen auch, daß es ihr an Zeugen nicht „fehlen werde, unter welchen sich auch wohl ge„geschworne Personen, z. B. eine Hebamme „befinden.

„Ihre so sehr gekränkte und aufs äusserste „getriebene Frau räumet Ihnen noch 14 Tage Be„denkzeit ein, und will lieber das Ende ihrer „Drangsalen Ihrer eigenen Wiederbesinnung und „Rückkehr zu verdanken haben; sie gibt auch so „viel nach, daß sie Ihnen die Mühe, sie wieder „abzuholen, ersparen will, da sie nicht ohne den

innig=

„innigsten Schmerz erfahren, daß die von Leip=
„zig und Halle zurückgekommnen Kaufleute und
„Studenten ihre traurige Verfassung, welche sie
„gegen jedermann, mich ausgenommen, sorg=
„fältig verheelet, allenthalben ausgebreitet.

„Werden Sie nach der bestimmten Zeit sich nach
„ihrem Wunsche erklären, und sich entschließen, sich
„selbst, nebst Ihrer Frau und Kindern wieder glück=
„lich zu machen, so wird sie vielleicht mit dem Wa=
„gen, welcher Mds. Avenarius von Kalbe zurück
„bringt, dahin abgehen, und daselbst mit der
„größten Freude ihren wieder zu sich selbst gekom=
„menen Ehegatten umarmen. Bleiben Sie aber
„bei Ihrer Härte, oder beweisen Sie durch Still=
„schweigen, daß Sie Ihre Frau als transportirt
„ansehen, so muß sie sich zu dem gemeldeten trau=
„rigen Schritte entschließen, und Sie werden
„alle Folgen davon zu verantworten haben. Gott
„verhüte es, und erweiche Ihr Herz. Wie sehr
„wird dieses erfreuen

Ew. Hochw.

gehorsamen Diener und
wahren Freund

Ammer,
d. 14 Jun. 1788

G. G. Volland.

End=

Endlich erfolgte die Antwort des Herrn D. Bahrdt unterm 20 Jun., die nicht trockner seyn konnte. Hier ist sie.

Lieber Herr Bruder,

„Ich müßte mehrere Bogen füllen, wenn „ich mich vor Ihnen eben so rechtfertigen wollte, „wie ich in meinem Gewissen gerechtfertiget bin. „Sie sehen jetzt alles einseitig, d. h. wie es „meine liebe Frau Ihnen erzählet. Könnten „Sie mich hören, Sie würden ganz anders ur„theilen.

„Ich kann und werde Ihnen weiter nichts „sagen, als daß ich vor Gottes Angesicht „Ihnen bezeuge, daß ich nicht Unrecht thue, und „daß ich bereit bin, ihr alle mögliche Proben „meiner Liebe zu geben, wenn sie ihren Eigen„sinn ablegen, und auf die Führung der Wirth„schaft, folglich auf die An- und Abstellung alles „Gesindes, also auch der Mägde, Verzicht thun „will.

„Ich bin Herr in meinem Hause, und habe „Macht zu sagen, wer bei mir dienen und nicht

„dienen soll, und dieses hausväterliche Recht kann „mir kein König nehmen.

„Ich werde von keinen Leidenschaften irre „geführt, wie Sie mir Schuld geben. Alles „was ich thue, ist Folge der Ueberlegung. Will „meine Frau von selbst, freiwillig und ohne von „mir gezwungen zu seyn, mich böslich verlassen, „so mag sie es vor Gott verantworten, wenn sie „samt ihren Kindern an den Bettelstab geräth. „Sie ist allein an allem Schuld. Ich werde „noch wohl Brodt finden. Vielleicht hören Sie „in Kurzem, daß ich mit meinen beiden bei mir „seyenden Kindern verschwunden bin. Denn „mögen die Creditores zugreifen, und nehmen, „was da ist. Mehr kann ich Ihnen nicht sagen. „Ich bin, da Sie blos aus Irthum mit mir zür= „nen, Ihr aufrichtig

ergebenster
Bahrdt.

Zugleich schrieb er an seine Frau.

Liebes Kind!

„In dem Briefe an den Herrn Bruder habe „ich mich wegen der Wirthschaft schlüßlich und

„unveränderlich erklärt. Ist dir das Leben dei„nes Mannes und das Wohl deiner Kinder ein „Pfeifenstiehl, so laß dich von deinen Leidenschaf„ten ferner hinführen, wo es sey. Willst du aber „mich und deine Kinder und dich selbst erhalten, „und das Leben, was du mir schon halb abge„nagt, und was täglich mehr abnimmt, noch „retten, so kehre zur ruhigen Vernunft zurück.

„Unsere Sachen stehen ohnehin auf der „Klippe. Denn noch haben die Advokaten „kein Geld geschaft, und wer weiß, ob wir nicht „in Kurzem wegen unserer Schulden angegriffen „und alles dessen beraubt werden, was einst im „Alter uns nähren sollte. Du kannst denken, wie „es in meiner Seele aussieht, und wie mein „Körper dabei abgezehrt werde.

„Also du von der einen Seite, und Armuth „und Schulden von der andern, nun so werdet „ihr doch beide bald mit mir fertig werden. Mei„netwegen! Sehen wir uns hier nicht in Friede „wieder, so wirst du es dort schon erfahren, wie

„Un-

„Unrecht du mir gethan hattest, und wie viel „dein Starrsinn Zerstöhrung angerichtet hatte.

dein

Bahrdt.

Um ihm den Vorwand zu benehmen, als hätte sie aus Starrsinn, und trotziger Verachtung seine Briefe unbeantwortet gelassen, übersendete sie ihm folgendes Schreiben:

Lieber Mann!

„Unaussprechlich wundere und kränke ich mich „über deine 2 Briefe, die ich hier erhalten habe, „und mich in die traurige Nothwendigkeit setzen, „in einem mir ungewöhnlichen Tone an meine „Freunde zu schreiben, und an dich schreiben zu „lassen. Du wirst doch nicht verlangen, daß „ich es eine edle Standhaftigkeit nennen soll, „wenn du gegen die Stimme der Ehre und des „Gewissens taub bleibest, und dich so hartnäkkig weigerst, mir durch deine Zurückkehr, „Freude und Trost zu schenken. Gott verzeihe „es dir, daß du mein Betragen bei meinem „unverdienten Leiden Sarrsinn, und romanhafte Träume nennest. Du hast aber einmal bei der

„der Welt eine große Rolle gespielt, man gab „auf alle deine Schritte genau acht. Wird diese „Welt nun auch deine letzten Fehltritte so verge- „ben und vergessen, als ich vielleicht im Stande „seyn werde, wenn dein billiges Nachgeben und „dein kommendes gutes Betragen gegen mich er- „folgen wird? Ich zweifele sehr daran. Ja, „wenn du nicht bei der schmutzigen Niederkunft „unsers Eheteufels selbst gewesen wärest, und „du sie nicht wieder einholen lassen, und sie nicht „wieder in alle ihre Rechte so fest eingesetzt hät- „test, die du ihr so unbesonnen ertheilet hast, „daß sie das ganze Haus commandiret — dann „hätte die Welt nicht von dieser Sache weiter „geredet, und man hätte die Hure, wie eine „jede andere, die man in solchen Fällen nie wie- „der nennet, vergessen. Mit einem Worte, lie- „ber Mann, ich berufe mich auf des lieben Bru- „ders letzten Brief ganz. Ich habe mir einmal vorgesetzt, daß unser Eheteufel nie, so wahr mir Gott helfe, mein Angesicht sehen soll. Du hast mir einmal fest versprochen, daß sie auf Mi- chaelis fort soll, und es kann dir, sollte ich noch billig von deinem sonst so guten Herzen hoffen, nicht so gar viel Ueberwindung kosten, sie einige Monate eher wegzuschaffen. Dadurch würdest du (wenn du auch auf deine unglückliche Frau keine Rücksicht nehmen wolltest) nicht allein deine Ehre wieder herstellen, sondern du würdest auch deine unglücklichen Kinder und deine Freunde und Verwandte sehr verbinden. O Bester! ich bitte dich nochmals darum, bringe mich nicht aufs Aeußerste. Denn wenn du dem lieben Bruder und mir nicht nach Wunsche antwortest, so bin genöthiget, um den Eheteufel los zu werden, meine Zuflucht zu meinem Curator zu nehmen. Dieser mag nachher meine gerechte Sache im Siebensteinischen Amte vortragen. Ich schmeichele mir aber, daß Gott dein Herz regieren wird zu unser aller Besten. — — — —

Am Dienstage vor 8 Tagen ist Mds. Avenarius nach Kalbe gereiset, man erwartet sie mit der Kr. Röthin zurück. Mit dieser Gelegenheit könnte ich nach Kalbe kommen, wenn du es wünschest und mich in Kalbe abholen willst. Ich erwarte darüber deine gütige Antwort. Ich bin ewig

deine treue

Bahrdtin.

Die-

Dieses Schreiben begleitete auch meine folgende Antwort:

Lieber Herr Bruder!

„Ich verstehe Sie. Es würde Ihnen leicht „seyn, sich zu rechtfertigen. Ihr Gewissen macht „Ihnen keine Vorwürfe. Ich gründete mich „auf einseitige Erzählungen, u. s. w. Das „heißt auf gut Deutsch: Sie wären mir keine „Rechenschaft schuldig, und könnten thun, was „Sie wollten. Ich bedaure, Sie so entschlossen „zu finden, und ihre Betheurung vor dem Angesicht Gottes, **Sie wären bereit, Ihrer Frau „alle mögliche Proben Ihrer Liebe zu geben, „wenn sie ihren Eigensinn ablegen, und auf „die Wirthschaft, folglich auf die An- und „Abschaffung der Mägde Verzicht thun woll-„te,** diese Betheurung ist mir anstößig. Eher „werden Sie mich überreden, daß in der Saale „kein Wasser sey, als daß Sie Ihr bisheriges „Betragen gegen Ihre Frau für untadelhaft hiel-„ten, und ist die Versicherung aller möglichen „Liebe nicht offenbar eine Protestatio facto con-„traria? Was für Liebe kann eine arme Frau

„hoffen, welche ihr ganzes Vermögen ihrem Manne aufgeopfert, in so manchen Widerwärtigkeiten sich als seine getreue Gehülfin erwiesen, ihrem Hauswesen jederzeit redlich vorgestanden, die Härte ihres Mannes mit aller möglichen Sanftmuth und Liebe zu besiegen sich bemühet, und doch mit allen ihren Bitten und Thränen nicht von ihm erhalten kann, eine Magd abzuschaffen, welche ihm und seinem ganzen Hause Schande und Ruin bringet, und alle seine würdigen Freunde von ihm verscheuchet?

„Erlauben Sie mir, freimüthig zu sagen, wenn Ihre Frau vermögend wäre, das zu thun, was Sie von ihr fordern, nemlich mit Hintansetzung ihrer Pflicht und Gewissens die Rechte einer Hausfrau einer offenbaren Hure zu überlassen, und ein stummes Hausthier zu werden, welches zufrieden ist, wenn man ihm ein Plätzchen, wo es gefüttert wird, einräumt, so würde sie sich Ihrer Achtung und Liebe unwürdig machen. Aber dahin werden Sie sie nicht bringen, wenn sie gleich die schrecklichsten Drohungen gebrauchen.

„Sie

„Sie war fest entschlossen, sich durch ihren „Herrn Curator an den Herrn Oberamtmann zu „wenden, und Sie würden erfahren haben, daß „Ihre hausväterlichen Rechte nicht so uneinge„schränkt seyn, als Sie zu denken scheinen. Ich „habe sie aber mit vieler Mühe dahin vermocht, „diesen zwar nothwendigen, aber immer trauri„gen Schritt bis Michaelis aufzuschieben, und „so lange bei mir zu bleiben, weil sie sich doch „einmal überreden lassen, bis dahin Geduld zu „haben. Sie wendete vieles ein, welches mir „zu beantworten schwer wurde. Sie müsse, „sagte sie, billig fürchten, Sie durch ferneres „Nachgeben in Ihrer so unrühmlichen Entschlos„senheit zu stärken, sie würde gewissermaßen das „Uebel zu verantworten haben, welches ihrem „Hauswesen und ihren so sehr vernachläßigten „Kindern durch diesen Verzug zugezogen werden „könnte. Wer könnte ihr gut dafür seyn, daß „nicht unterdessen alles ohne Hülfe zu Grunde „ginge. Es sey offenbar, daß Sie Ihre jetzige „Haushälterin beständig behalten wollten, und „die unbegreifliche Neigung zu dieser Elenden „würde in einigen Monaten mehr gestärkt, als

„geschwächt werden. Ich habe aber doch meine „Absicht erreicht, da ich ihr vorstellte, sie müs„se doch alles Mögliche thun, Sie vor der Welt „zu schonen. Sie werden also zeigen, ob Sie „noch einen kleinen Rest der Achtung und Liebe „gegen Ihre Frau haben, die beides sehr ver„dienet, oder ob Sie selbige sich selbst, und „Ihre Kinder einer Magd, und noch dazu einer „solchen Magd, aufopfern wollen.

„Keine Ausflüchte, keine unbestimmte For„derungen und Zusagen. Sie werden so gütig „seyn, und eine förmliche schriftliche und mit „Zeugen bestätigte Versicherung ausstellen, daß

1) „Christine längstens auf Michaelis fortge„schaft werden, und Ihr Haus nie wieder „betreten solle, und daß

2) „Ihrer Frau das ehemals ihr so willig zu„gestandene Recht, weibliche Bedienten „an- und abzuschaffen, völlig und ohne „Einschränkung überlassen werde, so wie „Ihnen dieses Recht in Ansehung der männ„lichen Bedienten vorbehalten bleibt.

„Ihre Frau wird es als ein Hoffnungsvolles Zei„chen aufnehmen, wenn Sie ihr zugleich bald

„mel-

„melden, was sie wissen will, und nothwen-
„dig wissen muß,

1) „Ob der Berg dem gethanen Versprechen
„zu Folge ihr zugeschrieben sey?

2) „Ob der Pachter würklich sey angenommen
„worden?

3) Ob Sie das Capital erhalten, zu dessen
Aufnehmung sie ihre Vollmacht gegeben?

„und wenn Sie ihr aufs forderſamste etwas Geld
„zu ihren Bedürfnißen schicken. So willig ich
„bin, ihr solches vorzuschießen, so empfindlich
„ist es ihr doch, es von mir anzunehmen, und
„hoffentlich wird es doch nicht zu Ihren
„Ueberlegungen gehören, daß Ihre Frau darben
„solle. Verzeihen Sie mir, lieber Herr Bru-
„der, ich muß alles sagen, was ich auf dem
„Herzen habe. Sie schreiben: Sie würden von
„keiner Leidenschaft irre geführt, alles, was Sie
„thäten, sey eine Folge der Ueberlegung, und
„Ihre Frau müsse es verantworten, wenn sie
„freiwillig und ohne von Ihnen gezwungen zu
„seyn, Sie böslich verlassen wollte. Dieses setzt
„mich in Schrecken. Soll ich glauben, daß Sie
„einen bestimmten Plan sich vorgesetzt, und die

„Mittel, ihn auszuführen, überlegt haben; so „muß ich glauben, Ihr Plan sey, Ihre Frau „so lange und so empfindlich zu kränken, bis sie „sich zu entfernen gedrungen würde, sie alsdenn „als eine Person, die Sie böslich verlassen, an„zuklagen, und auf die Ehescheidung zu dringen.

„Sehen Sie sich aber vor, daß Sie nicht „selbst in die Grube fallen, die Sie ihr zu gra„ben gedenken. Mich dünkt, Sie stehen schon „an dem Absturze. Gott verhüte es, und lenke „Ihr Herz zu Entschließungen, die Ihrem sonst „so verehrungswürdigen Charakter und großen „Talenten gemäß sind. Dieses ist der aufrichtige „Wunsch Ihres nicht zürnenden, sondern Ihr „wahres Bestes suchenden aufrichtigen

d. 27. Jun. 1788.

Fr. u. D.
G. G. Volland.

Unterm 7ten Jul. erhielt ich folgende Antwort:

Lieber Herr Bruder!

„Ich schicke Ihnen hier einen Louisd'or „für meine verirrte Frau, und bedaure Sie, daß „Sie

„Sie mich nicht hören, und jene, daß sie die ru„hige Vernunft nicht hören will.

„Ich will Ihnen nur kürzlich meine Erklä„rung sagen. Daß meine Frau die Wirthschaft „in ihre Hände bekomme, ist nicht zu erwarten. „Von Küche und Wirthschaftsstube, so wie von „Miethung und Regierung des männlichen und „weiblichen Gesindes, bleibt sie ganz ausgeschlos„sen, und das soll kein Amt, ja kein König än„dern. Wenn Sie nur dies überlegen, was ich „Ihnen hiemit bei Seel und Seligkeit versiche„re, so werden Sie leicht begreifen, daß der an„dere Punkt, die Abschaffung der Christine, wenig„stens — unnütz sey. Denn das läßt sich an „den Fingern abzählen, daß, wenn ich ein ande„res Mädchen an ihre Stelle miethe, so werden „eben dieselben Grillen bei meiner Frau entste„hen, ebendieselben Ohrenbläsereien ihr ins Ohr „gelogen werden, folglich unsere beiderseitige „Quaal fortdauren. Wäre dieses nicht so klar, „so wollte ich Ihnen noch heute die Abschaffung „dieser Magd zusichern, an der individuell mir „gar nichts liegt. Uebrigens sage ich Ihnen „zugleich, daß ich der Mann nicht bin, der sich

„Gesetze vorschreiben und schriftliche Reverse ab-„fordern läßt. Was ich thun soll, thue ich frei, „aber ich lasse mir keine Reverse abzwingen. „Will nun meine Frau auf diese Erklärung im „Amte klagen, und dadurch unsere Familie und „sich selbst vollends schänden, so habe ich gar „nichts darwider. Ich habe nun Zeit gehabt, „solche Vorkehrungen zu machen, daß sie, wenn „die Sache aufs Aeußerste getrieben wird, ein lee-„res Nest findet. Sagen Sie ihr also nur, daß „sie sich und ihre Kinder nicht anders retten kann, „als auf dem Wege der Vernunft: Sie kehre „zu ihrem Manne und Kindern zurück, begnüge „sich mit dem wichtigen Geschäfte der Erziehung „ihrer Kinder, und überlasse mir die Wirthschaft, „so werden wir beide vergnügt mit einander leben. „Will sie das nicht, so nehme sie es mit, wenn „sie im Kurzen in irgend einem Sinne Wittwe „wird, und an den Bettelstab geräth. Ich bin, „was Sie gegen mich denken, sagen, schreiben „und würken mögen, Ihr

aufrichtig ergebener
Bahrdt.

Die

„Die Vermuthung einer vorhabenden Ehescheidung können Sie sparen. Ich werde nie daran „denken, auch wenn meine Frau sich noch zu derselben erstem Schritte verleiten lassen sollte. Ich „werde eher, wenn sie mich selbst verlassen sollte, zu „100 Rthl. Gehalt mich entschließen, als zur „Scheidung.„

Ich glaubte noch einen Versuch wagen zu müssen, und antwortete unterm 15. Jul. 1788.

Lieber Herr Bruder!

„Sie sind also fest und unbeweglich entschlossen, „lieber alles aufzuopfern, als eine Nichtswürdige „von sich zu lassen. Sie bedauern mich, daß ich Sie „nicht hören, das heißt: daß ich nicht glauben wolle, „alles was bisher geschehen, sey erdichtet; Sie hätten in allem vollkommen Recht, und Ihre verirrte „Frau vollkommen Unrecht. Wenn diese wieder zur „Vernunft käme, das heißt, wenn sie Christinen ungehindert dort im Hause herrschen ließe, so würde „alles gut seyn. Es ist Ihnen an dieser Magd gar „nichts gelegen. Aber! Welch ein wichtiger Entscheidungs-Grund? Bei einer jeden andern „Magd würden bei Ihrer Frau eben die-

„se

„se Grillen und Ohrenbläsereien entstehen, und „folglich ihre beiderseitige Qüaal fortdauern.

„Möchte man nicht Blut weinen, daß ein „Mann von ihrem Geiste dieses schreiben kann! „Wird denn eine jede andere Magd eine schwan„gere Hure seyn, auf dem Kirschberge in Ih„rer Gegenwart ein Kind bekommen? u. s. w. „Wie würde Ihnen zu Muthe seyn, wenn Ihre „Frau einen Kutscher so begünstigte, wie Sie „diese Köchin begünstigen, und seiner Abschaf„fung mit einem gleichen Vorwande sich wider„setzen wollte?

„Warum Sie so sehr darauf dringen, daß „Ihre Frau der Wirthschaft entsagen solle, ist „mir eben so unbegreiflich. Hat sie denn nicht „schon längstens auf diese ihren beiderseitigen „Charakter nicht gar zu anständige Wirthschaft „Verzicht gethan, und warum soll dieses von „neuem geschehen, da diese Wirthschaft verpachtet „werden soll, und vielleicht schon verpachtet ist? „In diesem Falle ist es noch weniger abzusehen, „warum Sie so fest darauf bestehen, Christinen zu „behalten, da Sie keine Köchin brauchen, und von „dem Pachter beköstigt werden.

„Sie

„Sie sind nicht der Mann, der sich Ge„setze vorschreiben und Reverse abzwingen läs„set. Wie leicht ist es doch, einer ganz unschul„digen Sache einen gehäßigen Anstrich zu geben? „Sie können doch nicht leugnen, daß Sie verspro„chen, dieses Mensch sollte an verwichenen Ostern „fort, und hernach die Zeit ihrer Abschaffung auf „Michaelis bestimmt haben. Ist es denn et„was unrechtes, eine schriftliche Bestätigung die„ses schon einmal unerfüllt gebliebenen Verspre„chens zu verlangen?

„Ihre Frau und ich wissen es sehr wohl, „was es für ein trauriger Schritt sey, wenn sie „genöthiget würde, Sie gerichtlich zu überführen, „daß Sie der Mann nicht seyn, der über alle „Gesetze, Ordnung und Wohlstand erhaben ist, „und blos seinem Eigenwillen folgen darf. Sie „hat sich von mir überreden lassen, bis Michaelis „zu erwarten, was die Zeit, die in vielen Stü„cken mächtige Zeit für sie thun möchte; aber sie „bleibt unbeweglich entschlossen, nie mit Chri„stinen in einem Hause zu wohnen, was auch „daraus entstehen möchte.

„Ich

„Ich dächte, wenn Ihre Frau auch nichts Ge„gründetes gegen diese Person hätte, so würde „es doch schön von Ihnen seyn, nachzugeben, und „dadurch zu beweisen, daß Ihnen an dieser „Magd nichts gelegen sey. Wollen Sie denn „zeigen, daß Sie der Mann seyn, der lieber alles „aufopfert, als daß er einen Fehltritt gestehen „und davon zurück kommen sollte? Wollen Sie „sich zu einer Art Leuten erniedrigen, welche der „alte Rollenhagen so anmuthig schildert?

Es sey gleich krumm oder recht,
Sie wollen han, das ist schlecht;
Warum aber, wissen sie nicht,
Sie wollens han, so wird bericht,
Und sollt gleich dieselbe Stund
Stadt und Land gehen zu Grund.

„Wollen Sie denn noch nicht einsehen, was „Ihre Wirthschaft mit Christinen für einen schäd„lichen Einfluß auf Ihren Credit habe? Ich „glaube, man kann ohne einen prophetischen „Geist behaupten, daß Ihnen niemand ein Ca„pital anvertrauen wird, so lange Sie sich von „diesem elenden Geschöpfe nicht losmachen.

„Habe ich Ihnen mit der Vermuthung einer „vorhabenden Ehescheidung Unrecht gethan, so „werden Sie es mir vergeben. Aber muß nicht „ein jeder dieses denken, welcher glauben soll, „daß Ihr ganzes Betragen gegen Ihre Frau wohl „überlegt sey? Ich werde Ihnen nicht weiter „mit Briefen dieses Inhalts beschwerlich fallen, „weil ich anfange, zu glauben, Sie möchten „nur desto steiffer auf Ihrem Sinne beharren, „damit Sie nicht für den Mann angesehen würden, „welcher sich mit Bitten und Vorstellungen len„ken lasse. Ich bitte, daß eine höhere Macht „Sie lenken möge, und bin Ihr

um Sie bekümmerter Fr. u. D.
G. G. Volland.

Meine Schwester machte sich noch immer einige, obgleich schwache Hoffnung, ihn zu bewegen, und schrieb ihm:

Lieber Mann!

„Ich unglückseliges Weib! Soll ich nie „den Trost erleben von deiner zurückkehrenden „Liebe? Wie sehr zerreissest du mein Herz durch

„dei=

„deine Briefe? Hast du es noch nicht genug ge-
„quält? Ich verdiene deine so schrecklichen Vor-
„würfe nicht. Das sey Gott geklagt, daß du
„schreibst, du ständest auf der Klippe. Wer
„stellt dich darauf? Niemand anders, als unser
„Eheteufel, die Christine. Hättest du sie Michae-
„lis abgeschaft, wie du wolltest (warum hieß es
„doch, die Canaille soll fort, warum ist sie es jetzo
„nicht mehr?) O! geschahe es dazumal, und
„du hieltest Wort, so wärest du nicht in den schreck-
„lichen Verdacht gekommen, du hättest Ehre
„und Credit behalten, und von allen Menschen
„Geld bekommen. Deine erschreckliche Vollen-
„dung bei diesem nichtswürdigen Mensche ist un-
„verzeihlich. Sie kann mehr als Brodt essen;
„man kann die Sympathie nicht leugnen; sie hat
„es dir sicher angethan, sonst wäre es nicht mög-
„lich, daß du deine Ehre so geringschätzen könn-
„test, und deine Frau dieser Hure so ganz aufop-
„fertest. Hat diese Creatur dir wohl ein so schö-
„nes Vermögen so unbedingt übergeben? Hat sie
„mit dir so vieles erduldet? O Gott! das ist er-
„schrecklich, die ganze Natur möchte sich umkeh-
„ren. Kannst du wohl dein Herz so täuschen,

„und

„und glauben, daß ich wieder zu dir zurück kom„men soll, bevor diese Hure mein Haus verlas„sen hat? In Ewigkeit geschiehet das nicht, „es mag mir ergehen, wie Gott will. Ich halte „dich, lieber Mann, an dein mir einmal gethanes „Versprechen, daß du sie auf Michaelis abschaf„fest, und bleibe so lange hier. Ich beschwöre „dich, und bitte dich um Gottes Willen darum, „daß du Wort hältst und mich durch deine Ver„sicherung bald beruhigest. Den Louisd'or habe „richtig erhalten, wofür ich herzlich danke.

Deine treue
Bahrdtin.

Ille velut pelagi rupes immota resistit.
Virgil.

Herr D. Bahrdt wurde nun schrecklich böse, oder stellete sich so. Er schrieb folgenden donnernden Brief unterm 24. Jul. 1788.

„Dein und deines Bruders letzter Brief hat „meinem Herzen den letzten Stoß gegeben. Du „sagst nun, was du bisher mündlich und schrift„lich geleugnet hattest, daß du mich für den Bei„schläfer des Mensches hältst. Das fehlte noch,

„um die keimende Liebe zu dir in meinem Herzen „vollends zu ersticken. — Kennte ich dich nicht als „ein Weib, das allen Mägden und Waschweibern „sein Herz aufschließet, ich hätte dir längst das „Geheimniß eröfnet, und den Mann genennet, für „den ich mich aufgeopfert habe — Jetzt bist du „dieser meiner Vertraulichkeit noch weniger werth, „und es ist nun, so wahr als Gott lebt, das aller„letzte mal, daß ich dich zur Rückkehr einlade. „Wisse, daß meine Haushaltung bleibt, wie sie „war, und daß du nur zwischen 2 Dingen die „Wahl hast. Entweder du kehrest zurück, und „lebest bei deinem Mann und Kindern in stiller „Folgsamkeit, so wirst du alles haben, was du „wünschen magst, oder du bleibest bei deinem „Bruder und erhältst vor der Hand, bis ich mei„ner äußersten Armuth entrissen werde, wöchent„lich 2 Thlr. Willst du keines, so stehet dir „alles frei, was Leidenschaft und Verhetzung dir „eingeben mag. — — — Jedermann weis; „saget mir, daß sich Verfolgungen erheben wer„den. Ich bin aber schon gefaßt, meinen Stab „zu ergreifen. So lange ich also noch hier le„be, bleibt es bei meinem obigen Entschluß.

„Die

„Die Hanchen wird schreiben, so bald sie weiß, „daß sie dich bald wieder sehen werde. Das Gut „ist endlich bezahlt, und ich könnte mich durch„winden, wenn ich die Ruhe wieder hätte, die mir „deine ungestüme Leidenschaft entrissen hat. Ich „bin aber leider 3500 Rhlr. schuldig, nnd es gehört „viel Kraft dazu, sich dadurch zu arbeiten. Aus „den Kirschen habe ich 200 Rthl. gelöset, und et„was abgestoßen. Woltairs und Leuffers lassen „dich grüssen, und rathen dir beide, vernünftig „zu werden, und bei deinem Manne zu leben.

Dein

Bahrdt.

Meine Pflicht war es, auch diesen harten Brief nicht unbeantwortet zu lassen. Ich schrieb also:

Lieber Herr Bruder!

„Wider meinen Vorsatz muß ich noch ein„mal an Sie schreiben, und es wagen, ob es „wohl oder übel aufgenommen werde. Der „Scheidebrief vom 27. Jul. kam mir in die Hän„de, wie ich eben in der Stadt war. Ungern

„erlaubte ich mir, ihn zu erbrechen, aber ich mußte. Meine arme Schwester hatte seit einigen „Tagen mit einer Art von Verzweifelung gerungen. „Die schrecklichen Gedanken: Wie wird es mir „unglücklichem Weibe, wie wird es meinem verblendeten Manne, wie wird es meinen Kindern gehen, hatten ihr in verschiedenen Tagen „und Nächten weder Ruhe noch trockene Augen „gelassen, und hätte ich ihr den Brief sogleich „unerbrochen gegeben, so hätte es ihrer so sehr „geschwächten Gesundheit den letzten Stoß geben „können. Ich mußte ein paar Tage warten, „um sie dazu vorzubereiten, und Gott sey Dank, „daß sie ihn mit der edlen Standhaftigkeit eines „guten Gewissens lesen konnte. Aber ihn zu „beantworten, sey ihr vor der Hand unmöglich, „ich müsse es an ihrer Statt thun, also kann ich „Ihnen nicht helfen, Sie müssen von dem verhaßten Aufhetzer, wofür Sie mich, wie ich „wohl merke, zu halten belieben, noch einen Brief „lesen. Sie werden sich wundern, wenn ich Ihnen sage, daß Ihr Schreiben, so hart auch der „Inhalt, und so heftig, ich möchte wohl sagen, „so niedrig einige Ausdrücke sind, mir dennoch

„ei-

„eine nicht ungegründet scheinende Hoffnung ma„che. Ich sehe, der wehmüthige Brief Ihrer „Frau hat Ihrem Gewissen einen heilsamen Stoß „gegeben, davon es aufgewachet. Ich schließe „dieses aus Ihrer so ängstlichen Bemühung, ei„nen Vorwand zu bittern Vorwürfen zu suchen, „und den Keim der Liebe zu Ihrer Frau in Ih„rem Herzen zu ersticken. Ich schließe es dar„aus, daß Sie sich so augenscheinlich schämen, „den Namen einer bewußten Person zu nennen, „und nur unbestimmt einer bleibenden Haushal„tung gedenken. Ich schließe es aus dem so „unverdaulichen Vorgeben, Sie hätten sich ei„nem Manne aufgeopfert, den Sie nicht nen„nen wollten, und den Sie auch nicht nennen „können, weil er nicht existirt.

„Dieses sind sichtbare Kämpfe, ein redendes „Gewissen zum Schweigen zu bringen; sie müs„sen aber bei einem Manne von Ihrer Einsicht und „Rechtschaffenheit vergeblich seyn. Ein solcher „Mann muß sich bald oder spät überzeugen, daß „er seiner Frau das größte Unrecht thue, wenn „er aus Ihrem Briefe etwas erzwingt, wovon „keine Sylbe darinn stehet, nehmlich den Vor-

„wurf, sie hielt Sie für den Beischläfer des „Mensches, da er doch weiß, oder wohl wissen „kann, mit welchem redlichen Eifer sie seine Un„schuld in diesem Stück gegen jedermann behaup„te. Er muß sich selbst überzeugen, daß er das „Publicum gleichsam, mit Gewalt gezwungen, ei„nen seiner Ehre nachtheiligen Verdacht auf ihn „zu werfen, da er wissentlich eine schwangere „Hure im Hause behalten, ihre geheime Nieder„kunft veranstaltet, seiner schwächlichen Gesund„heit zum Trotz, bei der dunkelsten Nacht und „dem schrecklichsten Wetter sich dabei persönlich „eingefunden, und so unbeweglich darauf beste„het, lieber eine würdige Ehegattin entfernt zu „halten, als sich von diesem Scheusale zu trennen.

„Inzwischen wird es immer am besten seyn, „daß Ihre Frau so lange bei mir bleibt, bis Sie „den völligen Sieg über sich selbst werden erfoch„ten haben. Was soll Ihnen eine Frau, die „Sie zur völligen Unthätigkeit, und bloßen stil„len Folgsamkeit bestimmen und der Sie auch „das einige, was Sie ihr zu überlassen scheinen, „die Erziehung der Kinder, unmöglich machen, „wenn sie als eine vom Tische und Bette ihres

„Man:

„Mannes Geschiedene nicht das geringste Ansehen „im Hause hat, und als eine Gefangene gehal„ten wird. Dieses ist ihr trauriges Schicksal „im vorigen Winter gewesen, und würde es bei „Ihrer bleibenden Haushaltung wieder wer„den. Wie würde der armen Frau zu Muthe „seyn, wenn diese bleibende Haushälterin an den „bevorstehenden Geburtstagen die Lobeserhebun„gen ihrer Koch- und Backkunst einsammlete, und „als Regentin des Hauses sich mit aller Unver„schämtheit vor ihren Augen brüstete? Immer „besser, daß sie diese Tage bei mir mit Weinen „und Beten feire. Was Sie ihr inzwischen schi„cken wollen, steht bei Ihnen. Sie wird es an„nehmen, und wo möglich bis Michaelis in „Geduld auf bessere Zeiten warten. Sie denkt, „ein so oft wiederholtes und noch ganz kürz„lich Ihrer Frau Mutter bestätigtes Verspre„chen, die Hure (denn das ist sie, und nichts „anders) fortzuschaffen, werde doch endlich er„füllt werden. Ich sage mit Vorbedacht, wo „möglich, denn ich kann Ihnen nicht gut da„für seyn, daß nicht die ermüdete und so sehr ge„mißbrauchte Geduld Ihrer Frau noch eher bre-

„chen möchte. Sie irren sich, wenn Sie mich „für Ihren Verhetzer halten. Ich bin es nie „gewesen, und habe seit Ihrem letzten Briefe das „ganz entgegen gesetzte Geschäfte bekommen, nem„lich der natürlichen Folge einer so sehr beleidigten „Sanftmuth und verschmäheten Liebe, der Erbit„terung, vorzubeugen, und ihr mit der Hoffnung, „es werde noch alles gut werden, zu schmeicheln.

„Ich glaube nicht, daß Sie bei Ihrer je„tzigen Lage und Beschäftigung etwas von B. zu „befürchten haben, aber von Ihrer bleibenden „Haushaltung haben Sie alles zu fürchten. „Wissen Sie, daß Ihre Frau Sie hiermit zum „allerletztenmal auffordere, die unseligen Ver„bindungen zu trennen, die Sie nach Ihrem „eignen gar leicht mit Zeugen zu beweisendem Ge„ständnisse mit Christinen geschlossen, und diesen „Eheteufel aus dem Hause zu jagen. Geschieht „dieses nicht, oder bekommt sie keine hinlängli„che Gewißheit, daß es längstens auf Michaelis „geschehen werde, so ist sie fest entschlossen, nichts „weiter zu schonen, sondern sich durch obrigkeit„liche Hülfe ihr genommenes Hausrecht wieder „zu verschaffen, ihr Vermögen zu sichern, und ihre

„Kin-

„Kinder von der bleibenden Haushaltung zu „entfernen, in welcher sie nothwendig verderben „müssen. Es würde doch, wie sie sagt, dabei „nichts mehr an den Tag kommen, als was schon „Stadt= und Landkundig wäre, und vielleicht, „wie ihr nicht undeütlich zu verstehen gegeben „worden, von Ihren auf Sie lauernden Fein= „den im Kurzen im öffentlichen Druck der Welt „würde vorgelegt werden.

„Sie dürfen nicht denken, dieses wären „leere und weibliche Drohungen. Sie haben „selbst Ihre Frau so lange und so stark aufgehetzt, „daß es gewißlich keiner andern Aufhetzung be= „darf. Ich werde thun, was mir möglich ist, „die Ausführung dieses Entschlusses aufzuschie= „ben, aber ihn ganz zu hintertreiben, wird mir „nicht möglich seyn, und wenn ich es könnte, „würde ich wider Pflicht und Gewissen handeln.

„Sie mögen sich nun so aufgebracht gegen „mich stellen, als Sie wollen, so bin ich doch „versichert, Sie lassen mir im Herzen die Ge= „rechtigkeit wiederfahren, daß ich in dieser Sache „nichts anders geschrieben und gewürket, als „was dem Charakter eines Bruders, eines Freun=

„Freundes und ehrlichen Mannes gemäß ist, der „sich ohne Heuchelei nennet

Ammer, d. 2. Aug. 1788.

Ihren aufrichtigen Fr. u. D.
G. G. Volland.

„Ich erhielt und erwartete auch keine Ant„wort. Herr D. Bahrdt schrieb aber doch nach „einigen Wochen wieder an seine Frau:

Liebes Kind!

„Ich versichre dich bei dem Gott, den ich „mit dir anbete, daß deine Leiden, die du dir „selbst machst, mir herzlich wehe thun, aber „ich versichre dich auch bei eben dem Gott, daß „ich das zu deiner Beruhigung nicht thun kann, „was du von mir forderst. Ganz bei dir steht „es, alles bei mir zu genießen, was das mensch„liche Leben darbeut, wenn du meine Haushal„tung ohne alle Veränderung dir gefallen lassen „willst. Denn dir die Miethung und Abschaf„fung der Mägde zu überlassen, ist schlechter„dings unmöglich, und ich bin gewiß, daß mei„ne ganze Wirthschaft zu Grunde gehet, wenn „sie nicht, wie bisher, allein in meinem Kopf,

„und

„und in meinen Händen bleibet. Und davon „wird mich kein König und kein Kaiser abbrin„gen. Willst du also auf diese Bedingung zu „mir kommen, so komme, und erwarte gewiß, „daß ich als dein Freund und Gatte mit dir le„ben und sterben werde. Willst du aber nicht, „so will ich dir deine Interesse geben, und dein Ein„gebrachtes der Kinder wegen unter die Aufsicht „eines Curators geben, und dir gerichtliche Si„cherheit verschaffen: dazu du mir, wie dir Leuf„fer wird geschrieben haben, die nöthigen gericht„lichen Atteſtate zuschicken mußt.

„Wenn ich deinen festen Entschluß werde ver„nommen haben, will ich dir etwas Geld schicken. „Solltest du aber auf dem albernen Einfalle be„harren, mich im Amte zu verklagen, so werde „ich mit dem Geldschicken warten, bis du von „der Obrigkeit Resolution hast.

„Gott lenke dein Herz zu deinem dir auf„richtig ergebenen

Am 15. Aug. 1788. **Bahrdt.**

Auf diesen wiederkäuenden Brief eine wiederkäuende Antwort zu ertheilen, wäre vergeb-

lich

lich gewesen, und eben so wenig verdiente ihr der neue Vorschlag, Interesse zu geben, und ihr Eingebrachtes versichern zu lassen. Man siehet leicht, daß der Herr D. den gefürchteten Entschluß seiner Frau, ihn zu verklagen, zu verzögern oder zu hintertreiben suche. Und so wurde der Briefwechsel, der so wenig ausgerichtet hätte, abgebrochen.

Herr D. Bahrdt hatte nun auch wieder einige Wochen nicht geschrieben, aber kurz vor ihrer Abreise mußte seine Tochter ihr seine völlige Ungnade wieder verkündigen: Sie mußte ihr schreiben, er sey aufs Aeußerste erbittert, daß sie noch immer die gegen seine Magd ausgesprengten schändlichen Lügen glaubte, er verlange, sie solle eine eidliche Versicherung ausstellen, daß sie dieses Mensch ohne Einschränkung dulden wolle, denn davon hienge seine Ehre und sein Leben ab u. s. w.

Bei dem allen ließ meine Schwester die Hoffnung nicht fahren. Die Liebe hoffet alles. Sie hoffte, ihr Mann würde doch endlich sein so feierlich gethanes Versprechen, das Mensch auf Michaelis abzuschaffen, erfüllen, welches sie schrift-

schriftlich in ihren Händen hatte. Sie hoffte, sein steinernes Herz zu erweichen, wenn sie nach einer mehr als 4 monatlichen Abwesenheit ihn wieder umarmte. Ich dachte nicht so, und fürchtete, was Jedermann unter diesen Umständen fürchten mußte, ihr Elend würde noch größer werden, wenn er sie wieder in seine Gewalt bekäme, und hätte sie gern überredet, bei mir zu bleiben. Aber sie bezeigte, sie könne es in ihrem Gewissen nicht verantworten, ihre Kinder in den Händen einer solchen Hofmeisterin zu lassen. Sie würde doch, wenn sie gegenwärtig wäre, manches verhindern können, und durch Erinnern und Warnen bei ihren Kindern etwas ausrichten. Diesem edlen Bewegungsgrunde war nicht zu widerstehen, und da sie eine bequeme Gelegenheit fand, in Gesellschaft einiger Mühlhäusischen Kaufleute und Frauenzimmer nach Leipzig zu kommen, bediente sie sich derselben, und reisete gegen die Mich. Messe mit eben dem Muthe ab, mit welchem der Herr D. ehedem von Lindau am Bodensee, nach Marschlinz sich auf den Weg machte.

Sie war kaum abgereist, als sie von ihrem Manne schriftlich aufgefordert wurde, sich fertig zu halten, indem er sie in 14 Tagen von Cobstedt abholen lassen wollte. Ich schrieb solches meiner Schwester, und glaubte, der Brief würde sie noch in Leipzig vorfinden, und zugleich konnte ich vorhin gemeldeten Brief seiner Tochter nicht unbeantwortet lassen. Ich schrieb an ihn:

Lieber Herr Bruder!

„Es ist meiner Schwester nicht gefällig „gewesen, länger bei mir zu bleiben. Die Ge„legenheit, in Gesellschaft einiger Frauenzim„mer auf eine wohlfeile und ziemlich bequeme „Art nach Leipzig zu kommen, hat sie billig einer „kostbaren Abholung mit Ihrem Fuhrwerk vor„gezogen. Die alles hoffende Liebe bewegt sie „zu glauben, die Friedensunterhandlungen wür„den in der Nähe, und unter Vermittlung Ihrer „Frau Mutter, besser von statten gehen, und zum „glücklichen Ende kommen. Sie kann sich un„möglich vorstellen, daß Sie so ganz unerbittlich „seyn sollten. Sie hoffet, Sie würden doch we„nigstens vor der Welt das Ansehen eines völlig

„auf-

„aufgehobenen Misverständnisses zu behaupten „suchen. Sie würden ihr erlauben, beständig „mit Ihnen zu speisen, in Ihrem Zimmer, oder „doch in einem Nebenzimmer, ihre Schlafstätte „zu haben; Sie würden ihr überhaupt so begeg„nen, daß Kinder und Gesinde in dem ihr schul„digen Respekt erhalten werden, ja, wenn Chri„stine noch nicht fort wäre, und in den ersten 8 „oder 14 Tagen nicht fortgeschaft werden könnte, „so würden Sie diesem Geschöpfe doch nicht ver„statten, ihr zu trotzen und sie zu kränken.

Laß das arme Weib dabei, habe ich gedacht, daß sie Muth zu ihrer Reise habe. Ich kann Ihnen nicht bergen, daß meine Hoffnung um ein gut Theil schwächer sey, ja, daß ich vielmehr fürchte, Sie werden es ihr zu einem unvergeblichen Verbrechen machen, daß sie, ohne vorher Ihre Einwilligung zu suchen, sich Ihnen so weit wieder genähert. Werden Sie mir es wohl verdenken können, wenn Ihre bisherige Härte mich auf diese Vermuthung bringt? In der That, Sie scheinen mir nichts weniger zu wünschen, als mit Ihrer Frau ausgesöhnt zu werden. Wie hat sie nicht nachgegeben, wie

viel

viel hat sie nicht aufgeopfert? Sie hat sich die harte Bedingung gefallen lassen, aller Miethung und Regierung des Gesindes zu entsagen, und verlangt nur das Eine: Sie sollen Ihr so oft gethanes und bestätigtes Versprechen erfüllen, und Christinen, an der Ihnen doch, wie Sie ausdrücklich schreiben, **gar nichts gelegen ist**, auf Michaelis abschaffen. Aber Sie suchen nur einen Vorwand (und wie leicht ist dieser gefunden, wenn man ihn sucht) Ihren wahren oder verstellten Zorn zu bemänteln, und Ihr Versprechen zurück zu nehmen. Indem die arme Frau aus Ihrem langen Stillschweigen schließet, es sey nun alles verglichen, und darüber in ihrem letzten Briefe *) ihre Freude bezeigt, bekommt sie Tages darauf den schrecklichen Brief, den Ihre Tochter, auf Ihren Befehl, an sie schreiben müssen.

Ich

*) In diesem Briefe hatte sie eingewilligt, der Wirthschaft und Miethung alles Gesindes zu entsagen, indem sie Ursache zu glauben hatte, wenn nur Christine fort wäre, würde ihm dieses selbst bald lästig werden.

Ich bitte Sie, dachten Sie denn nicht daran, ob es sich auch wohl schicke, daß ein Kind des Vaters Erbitterung der Mutter melde? Warum schrieben Sie denn nicht selbst? Sie wußten doch, und haben es oft gezeigt, daß ein Brief nicht roth werde. Nicht wahr, Sie fanden in Ihrem Herzen einen innerlichen Widerstand, die so ganz außerordentlichen Vorwürfe und Forderungen aus Ihrer eigenen Feder fliessen zu lassen? Sie mögen wohl wünschen, daß geschehene Dinge nicht geschehen seyn möchten, aber desto weniger sollten Sie das Andenken derselben erneuern. Können Sie wohl im Ernste nicht allein eine Versicherung, sondern sogar eine eidliche Versicherung von Ihrer Frau verlangen, daß sie Christinen ohne Einschränkung dulden wolle? Dieses wäre wohl ein Eid, davon man in der Welt noch kein Beispiel hätte. Hängt denn würklich Ihre Ehre und Leben daran, daß Christine bei Ihnen bleibe? Ich enthalte mich, mehr davon zu sagen, indem ich dieses alles nur als einen Vorwand ansehe, alle Unterhandlungen abzubrechen. Ich muß offenherzig gestehen, Ihr ganzes Verhalten scheint nur immer mehr und mehr den festgesetzten Plan zu entwickeln, Christinen beständig zu behalten, und Ihre Frau zu entfernen. Ich habe ihr dieses nicht sagen mögen, sondern sie mit der Hoffnung reisen lassen, ihre Gegenwart, ihre Bitten, ihre Thränen würden doch etwas ausrichten.

„Sollte ihr gar zu nachgebendes und furcht„sames Gemüth noch dahin gebracht werden, „daß sie sich so zu sagen auf Gnade und Ungnade „ergeben, und Christinen zu dulden einwilli„gen müßte, so wird sie sich in ein unabsehliches „Elend stürzen. Dieses Geschöpf wird durch „den erlangten Triumph noch viel unverschämter „werden, und der armen Frau ihr Uebergewicht „rechtschaffen empfinden lassen; ja, wenn sie sich „darüber beklagt, wird sie vielleicht mit des Au„diteurs Frau ein gleich trauriges Schicksal erfah„ren, mit welchem sie ohnedem schon mehrmals „bedrohet worden.

Muß ich einen solchen Jammer an einer mit Recht geliebten Schwester erleben, so werde ich mich damit trösten, daß sie eine solche Begegnung nicht lange aushalten werde. Ihr Fleisch

ist

ist nicht steinern und ihre Kraft nicht ehern, und so wird der erwünschte Tag ihrer Erlösung nicht lange ausbleiben. Wenn Sie, wie ich nicht zweifele, noch einen allerhöchsten Richter und Vergelter glauben, von dem wir alle Barmherzigkeit hoffen, so lassen Sie doch Ihrer lange und hart genug geplagten Frau Barmherzigkeit wiederfahren. Hören Sie diese letzte Vorstellung

Ammer, d. 24. Septbr. 1788.

Ihres bekümmerten Freundes

G. G. Volland.

Vierzehnter Abschnitt.

Fr. D. Bahrdt kommt von ihrer Reise zurück, und der Streit wird noch heftiger fortgesetzt.

Meine Schwester kam in Leipzig an, und verfügte sich sogleich zu ihrer Frau Schwiegermutter. Alle bisherige vergebliche Bemühungen, ihren Mann zu erweichen, seine unbiegsame Härte, davon alle seine Briefe zeigten, sein offenbares Geständniß, er werde sich nie von seiner Magd trennen, alles dieses hatte sie noch nicht muthlos gemacht. Sie hatte einen kleinen Plan entworfen, wie sie ihm beikommen könnte. Sie hatte sich vorgesetzt, sich bei ihrer Fr. Schwiegermutter so lange verborgen zu halten, bis ihr Mann, der gewöhnlich die Messen besuchte, sich bei derselben einfinden würde; (sie wußte noch nicht, daß er seine Mutter auch schon vergessen habe) denn wollte sie ihn auf eine nicht unangenehme Weise überraschen, und wenn seine Frau Mutter sich mit ihr vereinigte ihm zuzusetzen, würde er nicht widerstehen können.

Auch diese Hoffnung wurde vereitelt. Der Herr D. hatte ihre Ankunft in Leipzig zu bald erfahren, und schickte sogleich seinen Wagen, sie abzuholen. Er kam nicht selbst, und hatte auch nicht einmal so viel Achtung und Höflichkeit gegen seine Frau, daß er ein Kind mitgeschickt hätte, sie zu bewillkommen und zu begleiten. Sie mußte allein reisen. Bei ihrer Ankunft fand sie viel Freunde im Hause, in deren Gegenwart sie von ihrem Manne mit einer kaltsinnigen Höflichkeit

keit empfangen wurde. So bald sie sich mit ihm allein befand, war ihr erstes Wort: Wir wollen alles Vergangene vergessen, und in Ruhe bei einander leben. Das wird von deiner Aufführung abhängen, war seine Antwort.

Sie wollte mit gutem Bedacht der Magd nicht erwähnen. Er kam ihr zuvor und suchte sie zu überreden, Christine fürchte sich so sehr vor ihr, daß sie auf einige Tage sich entfernen, und zu ihren Eltern reisen wollte. Das kann sie thun, antwortete sie, sie braucht sich nicht vor mir zu fürchten, ich werde ihr kein Leid zufügen. Die vorgegebene Reise zu ihren Eltern verwandelte sich in eine Lustreise nach Leipzig, wohin der Herr D. sie nebst seiner Tochter in seinem Wagen führte. Alle drei waren so einig, daß sie sowohl unterwegens in dem Nachtlager, als in Leipzig, in einer Stube schliefen. Er kam weder zu seiner Mutter, noch zu seinen Geschwistern. In unzertrennlicher Gesellschaft seiner Magd besorgte er seinen Einkauf, und führte sie des Abends nebst seiner Tochter in die Komödie, wo alle drei in einer Loge paradirten.

Alles blieb bei seiner Wiederkunft auf dem alten Fuße. Die Magd und die Tochter, die ihre Vertraute geworden, und gänzlich von der Mutter abgewendet war, besorgten alle Hausgeschäfte. Die Frau kam weder in die Wirthschaftsstube, noch in die Küche, sie blieb in ihrem Zimmer, beschäftigte sich mit ihrer Arbeit, und sahe ihren Mann fast nicht, als des Mittags und Abends bei Tische.

Dieser Waffenstillstand dauerte nicht lange; der Krieg brach wieder aus. Er hatte versprochen, mit ihr nach Kalbe zu dem Hrn. Insp. Müller zu reisen, unter dessen Vermittelung der Hausfriede völlig zu Stande gebracht werden sollte. Sie reiseten dahin. Der Herr D. hatte bei seiner Ankunft eine besondere und lange Unterredung mit dem Hrn. Inspektor. Dieser versuchte alles, ihn dahin zu vermögen, daß er die Magd abschaffe, und seiner Frau die schuldige Gerechtigkeit wiederfahren lasse. Sie konnten aber zu keinem Schlusse kommen; der Hr. D. erhob seine Magd bis an die Sterne, und drückte seine Frau bis in den Abgrund nieder. Tags darauf sollte das Aussöhnungsgeschäfte noch ernstlis licher vorgenommen werden, aber der H. D. war auf nichts bedacht, als der Vermittlung des Hrn. Inspektors auszuweichen. Gleich des Morgens nahm er das Pferd, und ritt nach Ballenstedt unter dem Vorwande eines wichtigen Geschäftes! Er versprach Tags darauf wieder zu kommen, aber er kam nicht. Am folgenden Tage sendete er seiner Frau einen eignen Boten, und meldete ihr, sie müsse ihn in Kalbe nicht wieder erwarten, sondern unverzüglich nach Bärenburg kommen, wo der Hr. Geh. Hofrath Kulemann sie nebst ihm zum Mittagessen erwartete. Der Hr. Inspektor Müller war über diese Aufführung äußerst aufgebracht, und wollte sie nicht reisen lassen. Der Mann, sagte er, sey nicht werth, daß sie ihm so viel nachgäbe. Sie mußte noch einen Tag bei ihm bleiben, und sodann allein nach Halle umkehren.

Ihr Vorsatz war, bei ihrer Wiederkunft so lange in der Stadt zu bleiben, und den Weinberg nicht eher zu betreten, bis das Mensch aus dem Hause geschaft wäre, aber der H. Amtmann Müller in Bärenburg, gegen den sie diesen Entschluß äußerte, redete ihr solches aus, indem er ihr vorstellte, dieses würde ein gar zu großes Aufsehen machen, sie möchte sich noch ein wenig gedulden, ihr Mann habe versprochen, sie sollte auf Weihnachten fort. Sie erfuhr auch, daß ein andrer Freund ihm nachdrücklich vorgestellet, er würde das, was er von dem Fürsten von Bärenburg zu erhalten hofte, schlechterdings verscherzen, wenn Ihro Durchlaucht seine gegenwärtige Wirthschaft erfahren sollten, und diesem hätte er gleichfalls die Versicherung gegeben, er wollte die Magd abschaffen, sie möchten ihm nur so viel Zeit lassen, daß er eine andere an ihre Stelle miethen könnte.

Bei ihrer Zusammenkunft erfuhr sie bald, daß alles leere Versprechungen gewesen. Sie konnte sich nicht enthalten, ihm ihre Verwunderung über sein Betragen zu bezeigen, welches mit seiner Zusage so wenig übereinstimmte, und fragte ihn unter andern: Mit welcher Unverschämtheit er sie nun gar zur Diebin machen wollte, da er sie gegen den Herrn Inspektor beschuldiget, sie habe ihm einen doppelt Louisd'or gestohlen? Er fuhr nach seiner gewöhnlichen Art auf, sie könne doch nich leugnen, daß sie der Tochter einen

nen Dukaten entwendet. Diesen hatte sie nebst einigen andern Sachen von Werth bei einer Freundin in der Stadt verwahret, und brachte ihn einige Tage darauf zu seiner Beschämung wieder.

Der zur Abschaffung der Magd auf Weihnachten bestimmte Termin war verflossen, und diese unwürdige Gebieterin des Hauses war geblieben. Meine Schwester ließ einige Wochen hingehen, und that, als ob sie nichts sehe oder höre. Sie bewieß eine bewunderungswürdige Geduld, obgleich ihr Schicksal immer trauriger wurde. Der Herr D. gewöhnte sich, ihr immer mehr mit Verachtung zu begegnen, und hatte eine heimliche Freude darüber, wenn die Magd seinem Beispiele folgte. Oft ließ er ihr durch ihre Tochter die kränkendsten und bittersten Vorwürfe machen, und dieses in der That liebenswürdige Kind wurde bald dahin gebracht, daß sie sich mit der Magd zur Verspottung ihrer Mutter vereinigte. Diese wurde würklich als ein stummes Hausthier behandelt, dem man wohl seinen abgelegenen Winkel gönnet, und es zum Futter herbeiruft, aber außerdem von einem Jeden auf die Seite gestossen wird.

Wie sie sah, daß sie mit aller Geduld und Nachgeben nur Uebel ärger machte, mußte sie zu ernstlichern Maasregeln ihre Zuflucht nehmen, und ihren Herrn Curator bitten, in einem etwas nachdrücklichern Tone an ihren Mann zu schreiben. Er that es, und schrieb ihm ohne Zurückhaltung gerade heraus, wenn er das Mensch nicht fortschafte, würde er bei dem königlichen Kammer-Gericht in Magdeburg eine förmliche Klage übergeben. Sie gab ihm diesen Brief, den er unerbrochen zu sich steckte. Sie fand selbigen nach etlichen Tagen unter allerhand Papieren, und legte ihn, die Aufschrift unten, und das Siegel oben, auf seinen Pult.

Sie war eben auf seiner Stube, als er ihn erbrach. Er gerieth in die äußerste Wuth. Verfluchte Canaille, schrie er, was hindert mich, daß ich dich nicht auf der Stelle umbringe. Gleich, sagte er zu der Tochter, hole mir ein Messer. Die Tochter, bei welcher die Regungen der Natur noch nicht ganz erstickt waren, sprang darzwischen, als er auf ihre Mutter losstürmte, und wurde mit ein paar derben Ohrfeigen auf die Seite gestossen. Der Schreiber hatte sich aus Angst davon geschlichen. Meine Schwester dachte nicht anders, er würde das auf dem Pulte liegende Federmesser erhaschen, und es ihr ins Herz stossen. Sie fiel ihm zu den Füssen, und bat ihn mit Thränen, zu seiner Ehre und der Kinder Besten das Mensch aus dem Hause zu schaffen. Willst du, setzte sie hinzu, mich ermorden, so bin ich bereit, so werde ich von meiner Quaal erlöset, und ich will dir dafür, als für die letzte Wohlthat, noch danken. Was half diese Demüthigung? Fast schäme ich mich, es zu schreiben; sie bekam eine derbe Ohrfeige, und sollte ihm den Augenblick aus den Augen gehen. Sie stand auf, und setzte sich wieder an ihr Spinnrad, als wenn nichts vorgefallen wäre. Er tobte fort: wenn du nicht gleich gehest, werde ich dich binden und auf deine Stube schleppen lassen. Dieses will ich erwarten, war ihre kaltblütige Antwort. Voller Wuth lief er selbst aus der Stube, kam aber bald wieder und erneuerte seine Drohungen. Sie begab sich endlich weg. Wie er etwas ausgeraset hatte, ließ er ihr durch die Tochter sagen: Sie möchte zu ihm kommen, und ihm einige Kleidungsstücke für seine abwesende Tochter einpa-

cken

cken helfen. Sie weigerte sich, wie man leicht denken kann, endlich gab sie auf wiederholtes Bitten der Tochter nach, that, was von ihr verlangt wurde, blieb aber ein paar Tage auf ihrer Stube, bis sich der Sturm gelegt hatte.

Auf diese Schlacht folgte ein sechswöchentlicher Waffenstillstand, und der Krieg schien geendigt zu seyn, als der H. D. gefänglich eingezogen wurde. Eine jede andere Frau, die sich in ihrer traurigen Lage befunden, würde diesen Vorfall als eine wohlthätige Schickung des Himmels angesehen, sie würde sich so gleich als Frau im Hause bewiesen, die Hure fortgejagt, und den unwürdigen Mann seinem Schicksale überlassen haben. Sie war von diesem allen weit entfernt. Untröstlich über das, was ihrem Manne wiederfahren, und ihm in der Folge wiederfahren könnte, that sie alles, was ihr möglich war, ihm zu helfen, und sein Leiden ihm erträglicher zu machen. Die Herrn Commissarii waren keinen Tag vor ihrem Bitten und Flehen sicher. Sie wendete sich mit Bittschriften an die Herren Minister, und an Ihro Königl. Majestät selbst. Wo sie nur einen Freund und Gönner wußte, von dem

sie

sie sich einige Hofnung machte, er würde mittelbar oder unmittelbar etwas zu ihres Mannes Besten ausrichten können, schrieb sie an ihn, und bat ihn aufs beweglichste, sich ihres unglücklichen Mannes und seiner unschuldigen Familie anzunehmen. Aus gutem Herzen glaubte sie, ihrem Manne könne kein wirkliches Verbrechen zur Last gelegt werden. Sie dachte nicht, daß das berüchtigte Scheusal eines pasquillantischen Witzes, die Parodie auf das Königliche Religions Edict aus seiner Feder könne geflossen seyn, und wußte auch nicht, daß man ihm wegen seines Unions-Projekts etwas erhebliches zur Last legen könnte. Kurz, sie stand in den Gedanken, er würde sich gegen bloße Verläumdung leicht rechtfertigen können, und seine Freiheit bald wieder erlangen, Sie that inzwischen alles was sie konnte, ihm seine Last zu erleichtern. Sie versorgte ihn reichlich mit allen nöthigen und mehr als nöthigen Bedürfnissen, und ließ es an keinem Beweise der Achtung und Liebe fehlen.

Seine Frau Mutter hatte sie aufgemuntert, die Wirthschaft in ihre Hände zu nehmen, und die Hure mit ihrem Anhange fortzuschaffen.

Denn

Denn diese hatte noch dazu die Unverschämtheit gehabt, ihr Kind und dessen Wärterin, ohne ihrer Frau Wissen und Willen, ins Haus zu bringen, und bei sich zu behalten. Sie wollte es aber ohne ihres Mannes Einwilligung nicht thun, und suchte selbige mit folgendem Briefe zu erhalten.

Ich habe Briefe, bester Mann, von unsrer guten Mutter. Sie wünscht dir vielen Muth, deine Leiden zu ertragen, und gute Gesundheit, und erinnert dich an dein gethanes Versprechen, Gott würde dir Gelegenheit in Leipzig durch deinen Freund zeigen, es zu halten. „Mir, sagt „sie, wünscht sie Geduld in meinen trüben „Stunden. Vor das Gesinde sey ihr nicht bange. Sie habe Beweise von meiner Menschenliebe, sie wären keine Sklaven. Ich hätte in „der Pfalz als Hausmutter bestanden, Gott „würde mir Gesundheit geben, um das jetzt auch „zu seyn, was ich da in dem halben Jahre deiner Abwesenheit gewesen wäre. Sie hat Recht, „ich erwarte, Bester, deine Befehle. Wenn die „neue Magd kommt, soll ich sie annehmen, oder „das Kind, oder Ronnefeld? Denn kann wohl

„eine

„eine Magd jetzo die andere annehmen? Wenn „dich Gott bald, wie ich herzlich wünsche, uns „wiedergiebet, dann bist du Herr und Haus„mutter wieder, wie du selbst wünschen wirst, in „deinem Hause. Vor der Hand bittet sie, laß „es beim Alten, und habe dein alt gütig Ver„trauen zu deiner guten Frau und Tochter, die „alles gut machen werden. Der neue Kut„scher sieht mir nicht so aus, als wenn er von „ihr sich das würde bieten lassen, was ich zweimal „schon auf der Treppen hören müssen: Sollst den „Augenblick deinen Lohn haben, reise gleich, der „Donner und der Hagel, du sollst — —

„Was ist dieses? Wie mißbraucht man „deine Güte? Helfen die Drohungen und Flüche „bei treuem und fleißigem Gesinde? Noch schweige „ich zu dem allen, bis ich deine Befehle habe. „Wie würdest du dich kränken, wenn du dein „Gesinde nicht mehr fändest, denen du doch sonst „gut warest? Du sahest alle dein Gesinde noch, „als du aus England kamest, außer einem Betrü„ger, den ich fortjagen mußte. Habe ich wohl „jemals die Gewalt, die du mir über diese Men„schen ertheiltest, gemißbraucht? müßen wir sie

nicht

„nicht auch haben? Vor der Hand kannst du mit „Ehren ihr diese Gewalt nicht mehr lassen.

„Würde es nicht gut seyn, wenn die kleine „Magd kommt, man entließe die Kinder„frau? Sie ist eine übrige Person, die ihre „Wäsche mitbringt, wozu ich ihr Seife und Zeit „geben muß. Wir haben, Gott sey Dank, lie„be Kinder, und die andern kenne ich nicht. Ei„ne Puppe wird der würdige Vater seinen guten „Kindern nie geben, wie sie mir weiß machen „wollten. Mit einem Worte, sollte dir, bester „Mann, alles dieses nicht anstehen, so kannst „du nach diesem alles ändern, und ich muß „alsdann seyn, was ich jetzt war.

„Du kennst meine Grundsätze. Deine „Wünsche sind mir angenehme Befehle. Ich „erwarte alles Gute von dir. Ich werde dir „alsdenn Beweise meiner Thätigkeit im Hause „geben, wo es die gute Hanchen nicht vermag, „und so viel thun, als mir menschmöglich ist. „Mit einem Worte, ich werde eine treue und „redliche Hausmutter seyn, bis du wieder bei „uns bist. Gott gebe uns nur ferner Geduld „und Muth, diese harten Leiden zu ertragen.

„Die-

Dieses wünsche ich dir auch. Ueberlege, Be„ster, dieses Alles, und dann mag deine Ant„wort nach deinen eigenen Wünschen ausfallen, „wie sie will. Sollte sie wider deinen eignen Nu„tzen und meine Zufriedenheit gereichen, so kenne „ich meine Pflicht und bin dennoch

Deine redliche Gattin
Bahrdt.

Sie durfte in diesem Briefe sich nicht so deutlich ausdrücken, weil er den Herrn Commissarien vorgelegt werden mußte. Konnte sie aber wohl mit größerer Demuth um eine Gewogenheit bitten, wie sie hier um etwas bat, wozu sie das vollkommenste Hausrecht hatte? Es ist fast unbegreiflich, wie der Hr. D. die folgende Antwort ertheilen, und seine Schwäche darinn so deutlich offenbaren konnte, da sein Brief ebenfalls von den Commissarien gelesen und unterschrieben werden mußte. Hier ist er:

Liebe Mutter!

„Was hast du gemacht? Wo ist dein Herz, „deine Liebe, deine Eidschwüre? Mich armen

„Leidenden willst du noch mehr martern, mich „armen Kranken vollends zerstöhren? Gott! was „hab ich empfunden, seitdem ich deinen gestrigen „Brief gelesen habe. Geraßt, geschrieen, ge„weint habe ich, wie ein Wahnsinniger. Ach „Gott, warum willst du meine Quaalen nur un„erträglich machen, und mich vollends zur Ver„zweiflung bringen? Ich weiß nicht, was ich „für großer Bekümmerniß dir schreiben soll. — „Höre mich, liebe Mutter, und bedenke, was „deine neue Stöhrungen in der Wirthschaft für „Folgen haben werden. Die Herren Commis„sarien wissen es, weil sie es lesen. Die Stadt „wird in wenig Tagen voll neuer Historien seyn. „Die Gäste werden aus dem Weinberge vollends „verscheucht. Ich, durch stets neue Nachrich„ten gemartert, härme mich ab. Und wie wird „einst meine Rückkehr seyn? Soll ich in die „Arme einer liebenden Gattin eilen, und mich „freuen? Oder werde ich nicht, wie ein Wüthen„der, der seinen Grimm verbeißen mußte, mein „Haus überfallen, und die schrecklichsten Sce„nen anrichten? Um Gotteswillen, Mutter, be„denke das: Du kannst durch die Quaalen, die

„du

„du mir machst, nichts gewinnen, denn meine „Rückkunft zerstöhrt dir nicht nur alles wieder, „sondern es wird dann auch noch weit ärger als „es gewesen war. — Bei Gottes Barmherzigkeit, höre mich und folge mir. Laß der Hanchen die Wirthschaft, wie sie sie gehabt hat. „Sie soll dich bei allem um Rath fragen. Ja, „du kannst, wenn du Grosmuth und Liebe zugleich zeigen wolltest, sie mit der Christinen „kommen lassen, mit Beiden gemeinschaftlich „überlegen und beschließen, und laß mein Hanchen es vollziehen. Siehe, wenn du das thust, „Mutter, so schwöre ich dir bei Gott dem Allgütigen, der mein Herz kennet, du sollst nach „meiner Rückkehr Erfahrungen machen, die du „nie erwartet hättest. Willst du mir folgen, „Mutter? Antworte mir, und gieße durch deine „aufrichtige Versicherung Balsam in meine blutenden Wunden. Jetzt an Geschäfte, liebe „Mutter. Da alle menschliche Hoffnungen ungewiß sind, so geh zu Nehmitz gleich und bitte „ihn, daß er in meinem Namen bei dem Könige „um ein Moratorium ansuche, und dabei vorstelle, daß meine jetzige Lage, meine Haushal-

„kung sowohl, als meinen literarischen Verdienst, „auf ein ganzes Jahr hinaus zerstöhre. Er soll „alsdann diese Schrift mir zur Unterschrift schi„cken, damit sie auf den Sonnabend abgehen „kann. Bitte ihn nur, daß er die Supplique „recht rührend mache. Er soll um ein Morato„rium auf ein Jahr bitten, damit wir vor un„sern Schuldnern Ruhe behalten, und uns wie„der erholen können. Alsdenn reise so bald als „möglich mit der Hanchen nach Leipzig, und „wendet Beide alles an, unsere Freunde zur mög„lichsten Thätigkeit zu bewegen, und ihnen zu „sagen, daß zur Messe 1500, wenigstens 1000 Thlr. „geschaft werden müßten. Suchet sie aufs Aeus„serste zu rühren. Soviel in Eil von deinem „traurigsten

Bahrdt.

Vid. Commissio d. 21. April 89.

Dieser Brief beweiset, der Hr. D. habe geglaubt, die Abschaffung seiner Christine würde die erste Folge seiner Gefangenschaft seyn, und daß er deswegen in tausend Aengsten gewesen. *)

Es

*) Agur hatte wohl Recht, wenn er schon vor 3000 Jahren eines Mannes Weg an einer Magd unbegreiflich fand. Ich enthalte mich, meh-

rere

Es würde auch geschehen seyn, was er fürchtete, wenn seine ihn noch immer liebende Frau nicht besorgt hätte, sie würde dadurch seine Lage noch schlimmer machen, und ihm noch mehr Verantwortung zuziehen. Dieses war auch die Meinung seiner Freunde. Sie goß also den so erbärmlich geforderten Balsam in seine blutenden Wunden mit folgender Antwort:

Lieber Vater!

„Es ist mir leid, daß dich mein Brief so sehr „gekränkt hat. Gott ist mein Zeuge, daß ich „es nicht in einer schlimmen Absicht that. Mei„ne Pflichten und deine eigene Ehre forderten „es. Kannst du wohl verlangen, daß ich in dei„ner Abwesenheit eine stumme Person im Hause „seyn und von einer Person abhängen soll, die „meine Verachtung so sehr verdient, und von einem „Kinde, das so sehr verstimmt ist, und die Pflich„ten so gänzlich aus den Augen setzt, die es ei„ner redlichen Mutter schuldig ist? Sind das „die Folgen von deinen Vermahnungen? Was „soll ich von ihr noch erwarten? Ob ich gleich

rere Anmerkungen zu machen, und überlasse es denen Lesern, welchen es etwas Leichtes seyn wird.

„von deinen Freunden weiß, daß wohl das Ge„gentheil erfolgen würde, wenn die Christine „nicht im Hause wäre, daß wir mehr Gäste ha„ben würden — so will ich doch mit ihr reden, „und sehen, was ich über ihren Trotz gegen „mich vermag. Denn ich wünsche sehr, dich in „Ruhe zu sehen. Es ist hart, daß ich so her„unter gesetzt bin, da ich es nicht verdiene. Ich „werde alles in der Welt thun, um eines lieben „Mannes Liebe wieder zu gewinnen, an dessen „Herz ich sonst so sehr hing, und der seine recht„schaffene Gattin zu schätzen wußte. Zu dem „H. Nehmitz werde ich jetzo gehen, und deinen „Befehl ausrichten. Auch die Messe will mit „dem Hanchen über mich nehmen. Ich dächte „aber, so bald wäre noch kein Buchhändler da. „An den Herrn Amtmann Bütner habe wegen „der Magd wieder geschrieben. Erfreue mich „bald mit einer gütigen Nachricht von deiner Ge„sundheit. Ich bin stets

Deine treue
Bahrdt.

So wurden die blutende Wunden durch Beibehaltung seiner Christine wieder geheilet,

aber

aber meine gute Schwester gewann noch immer nichts mit allen ihrem Nachgeben. Sie bekam endlich Erlaubniß, ihren Mann ohne Zeugen zu besuchen. Sie bediente sich derselben oft, um ihm die Zeit zu vertreiben, und ihm seine Gefangenschaft erträglicher zu machen, und suchte auf alle Art seine Liebe wieder zu gewinnen. Aber daran war gar nicht zu denken. Niemals konnte sie sich eines freudigen Empfangs, nie einer liebreichen Unterhaltung rühmen. Er hütete sich sehr, sie einige Regungen der Dankbarkeit merken zu lassen, und er hätte nicht gleichgültiger seyn können, wenn sie gar nichts für ihn gethan hätte. Ja oftmals mußte sie mit einer neuen Last seiner Ungnade beschwert, wieder von ihm scheiden. Seine Frau war ihm seit seiner Vertraulichkeit mit der Magd eine Last geworden, der er sich gern entlediget hätte. Dieses lag ihm auch in seinem Kerker am Herzen. Auf sein Anstiften mußte die Tochter einen Versuch machen, ob sie nicht ihre Mutter zum freiwilligen Weichen bewegen könnte. Sie that es, und wollte ihre Mutter bewegen, sich auf einige Jahre zu entfernen. In dieser Zeit wollte sie alles thun, den Vater auf andere Gedanken zu bringen, und dann könne sie wieder kommen. Sie konnte leicht einsehen, mit wessen Kalbe ihre Tochter pflügte, und antwortete ihr kurz: Ich brauche deinen guten Rath nicht, und weiß besser als ein Kind, was ich zu thun und zu lassen habe. Ich werde mein Haus nicht verlassen, wenn ich nicht heraus geworfen werde.

Mitlerweile wurde ihr mit einer falschen Hoffnung geschmeichelt, ihre nichtswürdige und im Herzen ihres Mannes so fest sitzende Magd mit guter Art los zu werden. Sie gab vor, sie habe einen Freier, der sich in der Stadt aufhielte, aber noch unbekannt bleiben wollte, bis er seine Sachen in Ordnung gebracht, und ein kleines Gut gepachtet hätte. Unter diesem Vorwande ging sie fleißig in die Stadt, und brachte auch einige Nächte in derselben zu. Anfangs glaubte meine Schwester dieses Mährchen, denn man glaubt gar zu gern, was man wünschet. Sie erfuhr aber bald, daß die Magd aus großer Treue bei ihrem Herrn Besuche abgestattet. Sie erfuhr, daß sie dafür ansehnlich beschenkt, und auch die Tochter, welche dabei Un-

ter-

terhändlerin gewesen, und dieses Vergnügen ihrem Vater verschaft hatte, mit einem neuen Cattunen Kleide belohnet worden. Der Herr Justitzcommissarius Nehmiz störete diese Besuche, und so verschwand auch der Freier, damit aber konnte er nicht hindern, daß die Folgen davon 9 Monate darauf in der Magdeburgischen Festung offenbar wurden.

Die Magd, welche im Anfange der Gefangenschaft etwas geschmeidiger geworden, weil der Trotz, darauf sie sich verließ, nicht mehr im Hause war, mußte bei diesen geheimen Besuchen so starke Versicherungen der unzerstöhrbaren Neigung ihres Herrn erhalten haben, daß sie wieder zu ihrer vorigen Frechheit umkehrte und von einer Stuffe der Unverschämtheit zur andern stieg. Eine ihrer Bekannten hatte die Vermuthung gegen sie geäußert, sie würde bei diesen Umständen ihren gegenwärtigen Dienst nicht lange behalten. Sie antwortete mit einem Hohngelächter: Sie wollte sehen, wer sie aus diesem Hause bringen sollte; wofür sie denn so vieles darinn gebauet hätte? Nicht anders, als wenn Hr. D. Bahrdt und alle das Seine, ihr wohl erworbnes Eigenthum wäre.

Dadurch wurde sie ihrer Frau so unerträglich, daß diese sich zu einem neuen Versuche, sie fortzubringen, entschließen mußte; wodurch aber die blutende Wunden des Hrn. D. von neuem aufgerissen wurden. Es geschah dieses, als sie ihn etwan 6 Wochen vor seiner Abführung nach Magdeburg besuchte, und der Hr. D. unwidersprechlich bewieß, daß ihn seine Gefangenschaft nicht gebessert, und alle Liebe, die ihm seine Frau bewiesen, die so unbegreifliche Vorliebe zu einer verächtlichen Hure nicht im mindesten geschwächt habe.

Seine Frau erneuerte ihre bewegliche Bitte, er möchte doch endlich in sich gehen, und den Schandfleck und Ruin seines Hauses auf die Seite schaffen. Dieses war schon genug, ihn ins Feuer zu bringen, welches um so viel heftiger aufloderte, da er eben einen Brief aufgefangen hatte, den sie an einen seiner Freunde geschrieben, und ihn gebeten hatte, ihrem Manne wegen der Hure Vorstellung zu thun. Dieses war ein Hochverrath in seinen Augen, und wäre damals seine Macht so groß, als seine Bosheit gewesen, würde er sie seinen Zorn auf die schrecklichste Art haben empfinden lassen. Er that dieses auch so gut als er konnte, und marterte sie 3 Stunden lang mit den bittersten Vorwürfen, deren sie keinen verdienet hatte.

Du bist es, schrie er, die mich um meinen guten Namen gebracht.

Frau. Nicht ich, sondern du selbst. Hättest du die Hure gleich bei Wahrnehmung ihrer Schwangerschaft fortgeschaft, wäre dein guter Name ungekränkt geblieben.

D. (in voller Wuth) Ja, sie soll fort, und du auch. (Hier sprang er auf, trat in eine Ecke, kehrte die Augen gen Himmel und that einen abscheulichen Schwur.) Ich will mich hinsetzen und arbeiten, daß mir die Schwarten knacken, bis ich 2000 Thlr. zusammen gebracht. Dann will ich sie dir vor die Füße werfen, und damit magst du in alle Welt gehen. Dann will ich einige Bogen schreiben und drucken lassen, in welchen du als die allerschändlichste Person sollst abgeschildert werden.

Fr. Mich? die Mutter deiner Kinder willst du schänden, was habe ich denn gethan?

D.

D. Du hast dein letztes Kind ermordet.

Fr. Wie so?

D. Du hast ihm eine Amme gegeben, die keine Milch hatte, und aus bloßer Eifersucht eine viel bessere, die ich haben wollte, abgewiesen. Du und D. Grabner seyd beide Schuld an dem Tode des Kindes.

Fr. Besinne dich, lieber Mann, du irrest dich sehr. Ich habe in dieser Sache nicht nach meinem Eigensinn, sondern nach dem Gutachten verständiger Leute gehandelt, welche die erwählte Amme untersucht, und in allen Absichten untadelich befunden haben.

So mußte er sie endlich wieder verlassen, ohne seine Wuth besänftigen zu können. Bald darauf empfing sie eine schriftliche Versichrung seiner höchsten Ungnade. Er schickte ihr folgenden Großsultanischen Firman:

P. M.

„Den Tag nach meiner Zurückkunft aus dem „Gefängnisse zieht Christine ab, so fern du im „Stande bist, sie wegen ihrer Forderung zu be„fries

„friedigen. Hier hast du meine Antwort kurz „und rund. Und nun unterstehe dich nicht mehr, „mich in meinem Elende zu quälen. Fängst du „aber vor meiner Zurückkunft Stänkereien an, „dann Gnade Gott! B.

Dieses war ihr ein unbegreifliches Räthsel. Sie wußte nichts von den Forderungen der Magd, noch weniger, warum sie und nicht er selbst solche befriedigen müsse. Sie konnte also auch nicht darauf antworten. Bald darauf bekam sie mehr Licht. Der Hr. D. hatte nicht allein ausgetobt, sondern auch vermuthlich erfahren, daß ihm ein jähriger Arrest auf der Magdeburgischen Festung zuerkannt wäre. Nun wollte er seine Christine daselbst gerne bei sich haben, und brachte selbst ihre Entlassung, welcher er sich mit so vieler Heftigkeit widersetzt hatte, in Vorschlag. Er schrieb in ungewohntem sanften Tone an seine Frau:

„Ich wünsche von dir zu wissen, liebe Mutter, ob es wirklich dein Ernst war, was du in „der letzten Stunde am Sonntage mir sagtest, „und so oft bei Gott betheuertest, daß du mit „meinem schrecklichen Gefängniß-Leiden Mitlei-

„leiden hättest, daß du meine Vergebung wünsch-„test, daß du mich nun schonen, und mir ei-„nige Ruhe für mein betrübtes Herz gönnen woll-„test. Wirst du mir dies schriftlich versichern, „so will ich dir einen Vorschlag thun wegen der „Zukunft, und dir zeigen, daß ich an deinen „Schmerzen nie Wohlgefallen hatte

Dein

B.

Sie antwortete unverzüglich:

„Ja, Vater, ich werde thun, was ich kann, „das heißt, meine Pflichten als Mutter gegen „die Kinder erfüllen, wie es gehen will, da sie „noch im Hause ist, die Kinder zum Guten er-„mahnen, sie für Klatschereien warnen — aber „ich bitte dich, daß du sie zum Guten auch an-„hältst, und Hanchen z. H. N. schickst, nach dei-„nem gethanen Versprechen, daß er sie auch we-„gen der Pflicht, die sie der Mutter schuldig ist, „belehret, die Magd, wenn sie zu dir kommt, „ausscheurest, und sie zur Ruhe verweisest, weil „sie noch da ist. — — Wenn ich alsdenn ver-„gessen soll, daß du mir noch jetzt ein Schmer-

„zens-

„zensmann bist, die 3 Stunden Höllenquaal, „die du mir am Sonntage machtest, und auch „deine schrecklichen Drohungen vergessen soll, die „wider die Natur- und Vaterliebe sind, (denke „an deine Reden zurück, waren sie wohl einem „Vater erlaubt?) wenn ich also alles dies ver- „gessen soll, dann bitte um Vergebung, wegen der „vielen Fehler, die ich gemacht, und welche dich be- „leidigt haben. Bin alsdann ein gutmüthiges „Weib, noch deine Freundin und Mutter, und „werde mich von dir selbst als ein Kind leiten „lassen, wenn es zu deinem und der Kinder Be- „sten ist, und deine Vorschläge anhören, wenn „sie der Kinder Wohl betreffen. Bin indessen

Deine treue

B.

Er schrieb wieder:

„Ich wünschte zweierlei von dir, liebe Mut- „ter; erstlich, daß du könntest von einem Freun- „de so viel Geld geborgt bekommen, als ich „der Magd schuldig bin: zweitens, daß du „könntest so viel Geld aufbringen, um mit mei- „nen Pferden oder mit der Post nach Leipzig „zu reisen. In Leipzig sind zwei Geschäfte. Erst-

„lich

„lich habe ich die Commerzienräthin gebeten, sich „zu verwenden, daß ich nicht um den ersten Band „meiner Lebensgeschichte geprellt werde, und sie „hats versprochen. Da könntest du mir viel aus„richten, wenn du der Frau sowohl als Pott an„lägest, in unsrer großen Noth doch nicht so un„menschlich zu handeln, und uns ohne Geld zu „lassen. Zweitens ists verschiedenen Freunden, „unter andern Wucherer und Wolf, unter den Fuß „gegeben worden, für die Kinder eine Subscrip„tion zu machen, unter Juden und Christen. „Da könntest du durch Vorstellung unsrer Armuth „bei beiden Anregung thun, daß sie das Werk „mit Eifer betrieben. Schreib mir doch, ob „du das möglich machen kannst. Ich weiß „wahrlich nicht, wo in diesem Winter Brodt her„kommen soll; denn ich kann bei meiner im„mer zunehmenden Kränklichkeit und Gemüths„kummer fast gar nicht arbeiten. B.

Voller Freuden schickte sie ihm folgende Antwort:

Bester Vater!

„Ist es dir mit der Magd Ernst? Dann „ist es für dich und mich Wohlthat von Gott,

der

„der Seegen des Himmels wird alsdann über „dich und die Kinder kommen. Das Geld für „die Magd muß dir die kleinste Sorge seyn. „Ich weiß es mit meinem Plunder möglich zu „machen, daß ich es morgen mit dem Reisegeld „haben will. Denn ich habe das Vertrauen zu „deinem edlen Herzen, daß du mir dieses Geld „in einem Jahre wieder giebst, um diese Sachen „wieder zu holen. Du bist, Lieber, so gut „und giebst es mir schriftlich. Denn es ist um „der Kinder willen. Dieser Plunder ist Ihnen: „ich wollte es so verkaufen und ihnen ein klein „Capital daraus machen. Dieses war schon vorm „Jahre mein Gedanke.

„Dann gehe ich nach Leipzig, und besorge al„les nach deinem Wunsche. Komme ich wieder, „so schicke ich die Magd gleich fort. — — „Mein Bester, melde mir hierüber morgen dei„ne offenherzigen Gedanken. Ich bin mit aller „Ehrfurcht Deine Bahrdt.

„Giebt uns Gott dich wieder, dann wirst „du selbst alles nach deinem Wunsche einrichten.

Der Herr D. erklärte sich nun hierauf deutlicher:

Mein Ernst, schreibt er, ist es, wenn es der Deinige ist, mir meine Ruhe wieder zu geben, die du allein gestöhret hast. Höre mich also: das fernere Verkaufen sehe ich nicht gern, zumal da zu 84 Thlr. 14 Ggr. sehr viel Waare gehört. Läuffer schaft dir gewiß einen Creditor, der das Geld borgt, und wäre es auch auf Wechsel. Alsdenn aber mußt du mir schriftlich versprechen:

a) daß du das Verabscheiden mir überlassen, und ihr kein Wort weiter sagen willst. b) Daß du von dem Augenblicke dieses geschlossenen Vergleichs an, also weder vor noch nach der Verabscheidung, mit keiner Sylbe und gegen keinen Menschen die Christine weiter nennen, noch von ihr reden, noch auf sie anspielen wollest, und daß, wenn du dieses Versprechen einmal übertrittst, der ganze Vergleich null und nichtig seyn soll. c) Daß die Hanchen die Wirthschaft behalten, und nach meiner Vorschrift führen soll. Giebst du mir dieses schriftlich, so ist alles Ja und Amen, und du kannst heute noch hereingehen — — — — Wenn du herein kommst, können wir vielleicht noch mündlich darüber sprechen. Nach deiner

Zu-

Zurückkunft (von Leipzig) mache ich von allem den schriftlichen Vergleich. B.

Sie ließ sich alle diese seltsamen Bedingungen gefallen, und fragte nicht einmal, wofür ihr Mann der Magd so viel schuldig sey. Daß sie für zweijährigen Lohn 24 Thlr. zu fodern habe, war ihr begreiflich, aber unbegreiflich, wie ihr ausserdem noch 60 Thlr. zukommen könnten. Sie brachte sie also mit Beihülfe ihres Herrn Curators dahin, daß sie in allem mit 50 Thlrn. zufrieden war, welches sie nicht gewesen seyn würde, wenn sie mehr als ihren Lohn mit Recht zu fodern gehabt. Es war sehr wahrscheinlich, daß der Hr. D. Geld brauche, um es mit nach Magdeburg zu nehmen, und daß er seine arme Frau darum schrauben wolle. Sie vergaß aber alles, um nur das Mensch los zu werden, und brachte mit Borgen und Versetzen die 50 Thlr. zusammen. Dieses Geld wurde in dem Zimmer des Hrn. D. der Magd ausgezahlt, und eine Schrift aufgesetzt, in welcher sie bezeugte, sie sey völlig abgefunden, und habe weder von dem Hrn. D. noch von seiner Frau etwas zu fodern, auch zugleich angelobte, nie wieder seine Wohnung zu betreten. Sie unterschrieb es sowohl als der Hr. D., Herr Justitz-Commissarius Nehmitz und Hr. Hoffiskal Läuffer, die dabei gegenwärtig waren, setzten noch als Zeugen ihre Namen darunter.

Kurz vorher, da alles dieses schon verabredet war, ließ der Hr. D. seiner Frau den sonderbaren Vorschlag thun, die Magd zu behalten. Sie könne solches auf 6 Jahr versuchen, denn länger würde er ohnedem nicht leben. Sie antwortete aber: es müsse bei dem geschlossenen Vergleiche bleiben, sie hoffte, der Hr. D. würde länger leben, und könne nicht glauben, daß es sein Ernst sey, sobald zu sterben. Was er darunter gesucht, verstehe ich nicht, es war ein förmlicher Widerspruch. Nie würde er an ihre Entlassung, an die so oft bejammerte grausame Zerstöhrung seiner Ruhe gedacht haben, wenn er nicht die Absicht dabei gehabt, sie mit sich nach Magdeburg zu nehmen.

So förmlich und feierlich wurde dieser Hausfriede geschlossen, und die Freude meiner Schwester, endlich einmal den Eheteufel los geworden zu seyn, war unbeschreiblich, sie hätte gern ver-

gessen

gessen, wie theuer diese Freude ihr zu stehen gekommen, wenn sie nur nicht von so kurzer Dauer gewesen wäre. Der Hr. D. ahmte vielen Großen nach, welche geschlossene Verträge nicht länger halten, als es ihnen beliebet. Es vergingen keine 14 Tage, so breitete sich das Gerücht aus: Der Hr. D. habe seine Magd in Magdeburg bei sich, die ihm so gleich mit dem von der Frau erpreßten Gelde nachgefolgt sey. Anfangs genoß er dieses Vergnügen nicht lange ungestöhrt. Eine Magdeburgische Dame, welche die ihm in der Festung bestimmten Zimmer mit dem nöthigen Geräthe versehen hatte, ließ ihm das unangenehme Compliment machen: Sie hätte aus Achtung gegen ihn ihre Meubles ihm geliehen, aber sie sey nicht willens, solche einer Hure vorzuhalten. Der Hr. Curator meiner Schwester schrieb ihm zugleich, wenn er das Mensch nicht fortschafte, würde er sich bei dem Hrn. Präsidenten deswegen beschweren, und einen Befehl, sie aufzuheben, auswürken. Hier mußte er die Seegel streichen, spannte sie aber bald wieder auf. Es währte nicht lange, so war sie wieder bei ihm. Seine älteste Tochter ließ er auch zu sich kommen, und genoß, außer seiner Freiheit, allen erwünschten Ueberfluß und Vergnügen.

Nun mußte seine Frau, die ihr immer so sehr zuwider gewesene Wirthschaft übernehmen, welcher sie hatte entsagen müssen, und gern entsagt hatte, um zu sehen, wie sie solche mit einer einzigen Magd und einem noch minderjährigen Kinde führen möchte. Die Einnahme war natürlicher Weise in den rauhen Wintertagen schwach, und konnte zu den mannigfaltigen Bedürfnissen nicht zureichen. Es mußte Futter für die Pferde, und Früchte zur künftigen Begattung der Felder angeschaft werden, weil von beiden nichts vorräthig war. Schrieb sie an ihren Mann um Geld, so bekam sie keine, oder abschlägliche Antwort. Sie verlangte unter andern nur einmal etwas weniges zu unentbehrlichen Hauskleidungsstücken für sich und ihre jüngste Tochter, und bekam zur Antwort:. Er könne nicht begreifen, wie es ihr daran fehlen könnte. Kaum konnte sie erhalten, daß er ihr durch Herrn Bissing so viel auszahlen ließ, als zu Besorgung des Rindviehes unumgänglich nöthig war. Ich will hier nicht wiederholen, was ich oben schon um-

umständlich angeführt, wie ich das Vorgeben des Hrn. D. beantwortet, seine Frau sey im höchsten Grade bequem und arbeitsscheu gewesen.

Der Hr. D., indem er seine Frau darben ließ, wollte sich immer mit seiner Armuth und nöthigen Sparsamkeit entschuldigen, sie wußte aber, und Jedermann wußte es, daß es ihm nicht an Gelde fehlte, wobei er seine Christine und seine Tochter mit allerlei Kleidungsstücken und Wäsche reichlich versorgte, auch sich selbst nichts abgehen ließ. So verging wieder ein Winter ihres geplagten Lebens. Sie würde die auf ihr liegende Last der Wirthschaft willig und freudig getragen haben, wenn er ihr nur die geringste Gerechtigkeit hätte wiederfahren lassen, und ihr Wohlverhalten mit einigem Beifall beehrt. Aber fast in allen seinen Briefen fand sie steifen Kaltsinn, gebieterische Härte und unverschuldete Vorwürfe.

Folgender Brief mag zum Beispiel dienen:

Magdeb., d. 8ten April 89.

„Ich habe lange angestanden, dir zu ant„worten, weil du noch immer in dem alten To-

„ne schreibest, welcher völligen Mangel aller Er„kenntniß deines fehlerhaften Betragens voraus„setzt. Ich betrübe mich herzlich darüber, weil „ich daraus urtheilen muß, daß ich nach über„standenen harten Leiden keine frohe Tage bei dir „genießen werde. Wie viel tausende wünschen „und gönnen mir für den Abend meines Lebens „Ruhe, und du allein scheinst noch Willens zu „seyn, mir die letzten paar Jahre meines Lebens „zu verbittern. Nun, wie Gott will! Hast du „Lust, mich vollends aufzureiben, so siehe, wie „du vor Gott bestehen magst. Ich melde dir „nur jetzt, daß ich keine Schulden agnosciren „werde, die du ohne mein und Bissings Vor„wissen contrahirest. Du weißt, daß Bissing „Vollmacht hatte, das Nothdürftige zu bezahlen, „und er hat gethan, was man von dem ehrlich„sten Freunde erwarten konnte. Ich werde also „alle Ausgaben und Geldvorschüsse, die Bissing „nicht approbirt hat, als Eingriffe in meine väter„lichen Rechte ansehen, und zu seiner Zeit zu fodern „wissen. Wenn du es für gut finden solltest, „in einem bescheidenen und einer Frau anstän„digen Tone zu schreiben, aus welchem ich einige

Bes-

„Besserung und Sinnesänderung erkennen, und „wieder einigen Muth zu dir fassen kann, so „melde mir doch, wie es um den Weinberg stehet, „und was das zu bedeuten hat, daß Bissing, „wie er mir schreibt, auf so lange Zeit verreisen „will? Gott gebe, daß ich endlich einmal einen „Brief von dir erhalte, der mir es möglich macht, „mich mit gutem Herzen zu nennen,

Deinen

Bahrdt.

Er hatte nun seine Christine öffentlich bei sich, und litte so wenig Noth, daß er vielmehr unter abwechselnden Vergnügungen vollkommen gesund, dick und fett wurde. Seine Christine veranstaltete einen abermaligen Beweis ihrer Fruchtbarkeit, und dieses hinderte ihn so wenig als das erstemal, sie bei sich zu behalten. Ja, sie würde wiederum in seiner Gegenwart, und in seinem eigenen Zimmer den zweiten Bastard zur Welt gebracht haben, wenn nicht die Schildwache das verdächtige Ab- und Zugehn einer Hebamme bemerket, und dem Herrn Platzmajor angezeigt

 hät-

hätte. Dieser ließ ihn warnen, die Hure den Augenblick fortzuschaffen. Er mußte gehorchen, und veranstaltete, daß sie in einem nahe bei der Festung gelegenen kleinen Hause ihre Niederkunft halten konnte. Er ließ ihre Mutter kommen, welche sie pflegen mußte, und konnte es dulden, daß seine Tochter sich diesem rühmlichen Geschäfte zugleich mit unterzog, nahm sie auch eben so bald als das erstemal, mit dem Kinde zu sich.

Er hatte starke Hoffnung, seine Freiheit bald wieder zu erlangen, und war fest entschlossen, sich von seiner Christine nicht zu trennen, sondern auch ihre beiden Bastarde so wohl, als ihre Eltern zu sich zu nehmen und zu versorgen. Er hätte den Kopf verlohren haben müssen, wenn er sich geschmeichelt hätte, seine Frau würde sich solches gefallen lassen; so nachgebend sie auch immer gewesen war, durfte er doch ihre Geduld nicht auf eine solche Probe setzen. Es war ihm auch nicht unbekannt, daß es ihr an Obrigkeitlicher Hülfe nicht fehlen würde, sich dieser Brut zu entledigen, zumal, da sie noch seine schriftliche Versicherung in den Händen hatte, daß diese Elende nie sein Haus wieder betreten sollte.

Er beschloß also den Generalsturm gegen seine Frau zu wagen, und sie mit offenbarer Gewalt aus dem Hause zu treiben, so bald er loskommen würde. Um sich dazu vorzubereiten und gleichsam in Athem zu setzen, fing er von neuem an, mit ihr zu zanken, und stellte sich, als ob er über ihre Wirthschaft höchst unzufrieden sey, die sie doch, wie er wohl wußte, mit unermüdeter Thätigkeit in der besten Ordnung, und mit der genauesten Berechnung der Einnahme und Ausgabe führte. Den Anfang des neuen Zanks machte er mit folgendem Briefe:

Magdeb., den 8. May 1790.

„Ich sehe auf alle Fälle, daß du meine Güte mißbrauchest, und alle Nachrichten vom Weinberge bestätigen es. Was soll ich von dir denken? Den Klar, wenn er die Gäste gern schnell bedienen will, schikanirst du auch, und schreiest hernach über seine Hitze, da er doch ein ehrlicher Mann ist. Die Gäste sehen diese zänkische Wirthschaft, und bleiben weg. Und am Ende denkst du, ich muß doch zubüßen, wenn es fehlt. Aber irre dich nicht, Mutter, ich lasse mich nicht länger mißbrauchen, und dich mit

„mei-

„meinem Gelde manschen. Es steht dir von „neuem die Wahl. Du behältst entweder die „Wirthschaft bis zum Ende meines Gefängnisses, „ohne daß ich weiter Geld schicke, und stehest „mir mit deinem Eingebrachten für das Inven„tarium, oder — ich setze einen Mann an mei„ne Stelle, und du giebst die Wirthschaft ab, „wo ich alsdenn selbst vor alles stehe, und dir, „bis ich komme, deinen Unterhalt gebe. Wähle „jetzt eins von beiden, und erkläre dich mit dem „ersten Posttage schriftlich. Denn ich kann nun „nicht länger meinen sauern Verdienst zubüssen, „sondern ich muß, was ich verdiene, sparen, um „meine Schulden als ein ehrlicher Mann zu be„zahlen, und mein Gut zu erhalten. Deiner „neuen Köchin, die du ohne meines Stellvertreters „Rath und Vorwissen gemiethet hast, darfst du „nur sagen, daß ich sie nicht behalte. Ich muß „für meine Kinder sorgen, und kann deinem Ko„pfe ohnmöglich nachleben. Es steht jetzt bei „dir, ob du durch Folgsamkeit mir noch möglich ma„chen willst, mich mit redlichem Herzen zu nennen

Deinen

Bahrdt.

Sie

Sie brauchte nicht viel Zeit, sich zu bedenken, ihre Antwort war:

„Ich wähle das letzte. Laß den Mann kom-„men, er sey König oder was er sonst ist, er „ist mir willkommen. Von jetzt den 11ten an, „bin ich nicht mehr Haushälterin. Laß Klar und „den Mann nun im Gelde manschen, und auch „zusetzen, wie ich, aber unter meinen Augen so „knapp wirthschaften, als deine redliche Frau. „Ich sehe gern, wenn ich meinen Unterhalt von „der Güte meines Mannes erhalte. Das heißt „auch Unterhalt in Kleidungsstücken, das ge-„wöhnlich ist. Von meiner Zubuße bitte mir „bald die Hälfte wieder aus. Es war für Le-„bensmittel. Klar und unser gütiger Freund, „Herr Bissing, wissen es. Auch das wird er dir „melden, wie er auf mein Bitten alles, was ich „ihm gesagt, als redlicher Mann melden muß. „Die Dame soll ich machen, wie ihm zu sagen „beliebt. Gut, es ist dein Wille. Unser Haus „ist groß. Die große Wirthschaft möchte ich „besser lernen, die die vornehme Familie (Chri-„stinens Familie, die er zu sich nehmen wollte) „besser kann. Bist du ferner so gefällig, wie ich

„gehorsam und duldsam bin, dann bin ich vom „Herzen noch deine redliche

Bahrdtin.

Er stimmte hierauf den gebietherischen Ton ein wenig, doch nur ein wenig herunter, und schrieb unterm 11. May 1790.:

„Du bist etwas rasch, liebe Mutter, wenn „du schon den 11ten aufhören willst, die Wirth„schaft zu führen. Das kannst du nicht eher, „als bis Hanchen kommt. Aber verzeihe mir, „wenn ich der sanften Sprache deiner Briefe nicht „ganz traue. Willst du einmal nicht die Wirth„schaft auf dein eigenes Risico fortsetzen, son„dern sie Bissing und Hanchen übergeben, so „muß das schriftlich durch einen Revers gesche„hen, damit du nicht hinterher wieder Querge„leien machst, und ich neues Aergerniß habe. „Die Punkte sind:

„a) Du übergiebst die Wirthschafts-Casse, „Gesinde ꝛc.

„b) Du überlieferst das Inventarium, wie „ich es verlassen habe.

„c) Dagegen stehe ich nun für alles, und du

„hast

„haſt, wie bisher, deinen Unterhalt auf dem „Weinberge, und wöchentlich 12 Ggl. zu „Schuhen und ähnlichen Kleinigkeiten.

„Für Kleidung (die jetzt mein Beutel nicht trä„get) ſorge ich, wenn ich zurückkomme. Es „kann dir auch im Ernſte nicht dran fehlen. „Sollteſt du nicht auf dem Weinberge bleiben, „ſondern etwa zur Frau Conradi ziehen wol„len, ſo gebe ich dir wöchentlich 1 Rhl. 8 Ggl. „Koſtgeld. Sollteſt du aber lieber gar zur „Schweſter wollen, ſo zahle ich dir dort wöchent„lich 2 Rhl. 12 Ggl. in allem. Du haſt nun in „allem freie Wahl, und kannſt nicht ſagen, daß „ich dich zu etwas zwinge. Ich thue, was ei„nem ehrlichen Hausvater zukommt, und in mei„nen Umſtänden möglich iſt. Ich bitte um ei„ne baldige und beſtimmte Erklärung durch Biſ„ſing. Mache, daß Friede unter uns bleibe, „und meine Zurückkunft dir und mir nicht betrübt „werde.

Dein

Bahrdt.

Die

Die Absicht, sie aufzubringen, damit er desto stärker mit ihr zanken möchte, schlug ihm wiederum fehl. Seine Gattin antwortete mit aller Gelassenheit:

„Ich habe dir schon gemeldet, daß ich dem „Mann, oder wer es ist, (nun die Hanchen) wie „du sagst, die Wirthschaft übergeben will, und „deinem Willen mit Freuden gehorsame. Das „heißt, lieber Vater, ich übergebe alles, was „in der Wirthschaft war, und noch ist, und was „ich noch angeschaft habe, der Hanchen, wenn sie „kömmt. Herr Bissing wird dir sagen, auf was „für Art; dieser würdige Freund! und ich hof„fe von deiner Güte, daß du dir es wirst gefal„len lassen.

„Uebrigens werde ich mir alles, was dein „Wille ist, gefallen lassen, außer was unnatür„liche Dinge sind. Dann hoffe zu deiner Groß„muth, daß du sanfte und liebreiche Vorstellun„gen von mir anhören wirst. Auch bin ich „wöchentlich mit 12 Ggl. zufrieden, und danke „dir herzlich dafür. Was du aber mit den Klei„dungsstücken willst, versteh ich nicht. Du „weißt sehr wohl, daß ich in den letzten 5 Jah„ren,

„ren, nichts von Kleidungsstücken von deiner „Güte erhalten habe, als einen Winter-Ueber„rock, den Mariane schon vor 2 Jahren wie„der bekommen, und einen andern alt gekauften „Cattunen. Du weißt auch sehr gut, daß ich stets „genügsam war, und jetzt werde ich um so vielmehr, „so viel ich kann, deinen Beutel schonen, da du „mehr als jemals starke Ausgaben hast. — —

„Hanchen erwarte mit aller mütterlichen Lie„be, wenn sie von einem guten Vater kommt. In„dessen bin ich noch Hausmutter, wie sonst, „und hoffe von deinem guten Herzen, daß ich es „ferner seyn werde. Ich verlasse meine Kin„der und mein Haus nicht. Wenn ich auch „die Wirthschaft abgebe, so werde ich doch nach „Pflicht und Gewissen Hausmutter bleiben, wie „du hoffentlich selbst wünschen wirst. Ich brau„che dir wohl nicht zu sagen, daß es ganz bei „dir stehet, ob die häusliche Zufriedenheit und Ei„nigkeit bei deiner Zurückkunft wieder bei uns woh„nen soll. Ich werde mit Freuden dazu die Hand „bieten. Gott gebe nur, daß ich dich hier bald ver„sichern kann, daß ich wünsche stets mit Zufrieden„heit seyn zu können Deine

Bahrdt.

Er schickte also seine Tochter etwa 4 Wochen vor seiner Zurückkunft, die nun Frau im Hause seyn, die Wirthschaft führen, und davon der Mutter wöchentlich 12 Ggl. Almosen geben sollte. So hart dieses auch war, daß die Mutter nun von der Tochter abhängen sollte, ließ jene sich doch alles gefallen. Sie gab der Tochter, wie sie vorher versichert hatte, ihren guten Rath, wenn er verlangt wurde. Aber weiter that sie nichts, und lebte wieder in ihrer vorhin schon gewohnten Einsamkeit. In dieser Zeit empfing sie von ihrem Manne folgenden Brief, welcher ihr auf eine verdeckte Weise den bevorstehenden Sturm ankündigte.

Magdeb., den 20. Jun. 1790.

„Ich höre, Mutter, daß du trauerst. Laß „dir von meinetwegen nicht bange seyn. Du „hast von mir, ohngeachtet so vieler Ursachen „dazu, weder Härte noch Vorwürfe zu besorgen. „Ich habe noch wenig Jahre in der Welt zu le„ben, und bin daher weit entfernt, irgend ei„nem Geschöpfe Gottes vermeidliche Leiden zu „verursachen. Vielmehr versichere ich dich, daß,

„wenn

„wenn dein eigner Wille mir nicht unüberwind„lichen Widerstand leistet, ich dich für den Rest dei„nes Lebens in eine Lage zu bringen gedenke, wo du „ruhig und vergnügt leben wirst, und wo auch „ich nicht mehr von Aergerniß und Verdruß ver„zehret werde. Laß dich diese Versicherung be„ruhigen, und glaube gewiß, daß ich in wenig „Wochen dich persönlich von der Redlichkeit mei„ner Gesinnungen überzeugen werde.

Dein

Bahrdt.

Er hatte sie schon so gut in der Standhaftigkeit geübet, daß der zweideutige Inhalt dieses Briefes ihr keinen sonderlichen Kummer machte. Sie antwortete mit aller Gelassenheit:

„Du sagst, ich höre, daß du trauerst. Ich „weiß nicht, wie ich das verstehen soll, oder was „du damit willst. Das weiß ich aber so sicher, „als ein Gott ist, daß ich mich vom Herzen freue „auf dein Wiedersehn. Auch weiß dieses Herr „Bissing sehr gut, wie auch meine Kinder und „Freunde, und erster würdige Freund wird dir „solches gemeldet haben. Ich habe ein gut Ge„wissen, was will ich mehr?

„Ich will keine weitere Versicherung machen, „du kennst ganz meine Güte.

„Ich hoffe, und will es dir zutrauen, daß „wir noch ein zufriedenes Leben führen werden, „da ich meine Handvoll Tage, die ich noch zu leben „habe, bei dir und meinen Kindern zubringen „will. Kannst du also wohl noch unfreundlich „seyn, und Sorge für mich haben? Da du „meine Tage, und vielleicht auch meinen letzten „Abend nahe sehen kannst. Bist so gesund, „munter, jung, dick und rund, und wolltest nicht „mit uns zufrieden seyn, da ich und deine guten „Kinder es sind? O das wäre klein und schwach „von meinem lieben Manne. Nein, das Gute, „das uns Gott giebt, wie es ist, genießen wir, „und sind zufrieden. Hanchen ist, wie ich „glaube, sehr munter und zufrieden. Lebe indessen wohl, sey munter und zufrieden. Ich erwarte hier die Beweise von der Redlichkeit deiner „Gesinnungen, die du gegen mich hegst, so wie alle „Redlichkeit und Herzenstreue dich versichert

Deine

Bahrdt.

Funfzehnter Abschnitt.

Der Streit wird geendigt. Die Magd siegt, und die Frau muß fort.

Der H. D. Bahrdt hatte nun seine Freiheit wieder erhalten, und kam auf seinem Weinberge an. Seine Frau empfing ihn mit allen ersinnlichen Merkmalen der Freude, er aber konnte sich nicht einmal vorstellen, als ob es ihm eine Freude sey, sie wieder zu sehen. Haß und Bosheit kochte in seinem Herzen, und doch mußte er sich schämen, sich solches sogleich merken zu lassen, und seine gefaßten Entschließungen mündlich zu entdecken. Diese Windstille dauerte einige Tage. Endlich brach der Sturm aus, mit dem er so lange und oft gedrohet hatte. Er reisete nach Leipzig, und hinterließ folgendes Manifest, welches seine zweite Tochter unversiegelt, und ohne Aufschrift ihrer Mutter einhändigen mußte.

Mutter!

„In meiner Seele war nie Haß gegen ir„gend ein Geschöpf Gottes, und gewiß also nie „Wohlgefallen an deinem Leiden. Aber diese „Gesinnung bringt es eben so wenig mit sich, „daß ich für irgend einen Menschen meine eigene „Ruhe aufopfern, und den Rest meines armse„ligen Lebens traurigund bitter machen sollte. „Du kannst also von mir erwarten, daß ich für dei„ne Ruhe und Zufriedenheit alles thun werde, „was in menschlichen Kräften stehet, aber du „kannst auch gewiß seyn, daß ich mich dir nicht „selbst aufopfern werde. Wenn ich dir nun ge„stehen muß, (was du selbst wissen und einse„hen solltest, wenn du frei von Verblendung „wärest,) daß ich bei dem Andenken deiner Ver„gehungen schlechterdings mit dir nicht beisammen „leben kann: Daß ich schon alle meine Kraft auf„bieten muß, um nur nicht die tausendmal (be„sonders im Hallischen Gefängnisse) von dir er„regte Wuth ausbrechen zu lassen: so wirst du „begreifen, daß ich schlechterdings mit dir nicht „in Gemeinschaft leben kann, wenn ich für den „kleinen Rest meines Lebens noch einige Ruhe

„und

„und Zufriedenheit genießen will. Ich will dir „hier die schreckliche Liste der mir zugefügten „Schändungen und Kränkungen nicht wiederho- „len. Ich will dich blos bitten, deine und mei- „ne Ruhe, wenn du noch ein menschliches Herz „hast, zu retten, und mich und dich nicht noch „elender zu machen. Nur zwei Arten von Le- „bensart sind möglich. Entweder du folgst des „redlichen Bissings Rath, und dann wirst du „sehen, daß ich alles mein Vermögen erschöpfe, „um dich vergnügt zu machen, oder du bleibst „in meinem Hause, und meidest meine Ge- „sellschaft. Wählest du das letztere, so bleibt „das untere Revier dir gänzlich untersagt, und „Wochengeld und alles hört auf, weil ich mich ein- „schränken, und deine und meine Bedürfnisse mit „Sparsamkeit selbst besorgen muß. Diese „Wahl steht dir bis Sonnabends Abend frei. „Vom Sonntage an kommst du denn, wenn ich „keine Antwort erhalte, die mich überzeugt, daß „du dich über meine Ruhe erbarmen willst, nicht „mehr in die Wirthschaft, und ich nehme Wä- „sche, Küche und Kinderzucht allein in meine „Hände, und es bleibt dir nichts, als von dei-

„nen Kindern in deinem Revier bedient zu wer„den. Gott weiß es, daß ich nicht anders „kann, wenn ich mir mein eignes Leben nicht „verbittern will.

Dein

aufrichtig gesinnter
Bahrdt.

N. S. Frage nicht boshafte Verhetzer, und bedenke, daß ich eher Leib und Leben wage, ehe ich mich tyrannisiren und unterjochen lasse. Edel und gütevoll handle ich, wenn du weise wählest, aber unerbittlich streng, wenn du es drauf anlegst, mich zu quälen.

Bisher hatte meine Schwester noch immer einige, obgleich schwache Hoffnung gehabt, ihr Mann würde doch endlich einmal sich besinnen, zu seiner Pflicht wieder umkehren, und ihr die schuldige Gerechtigkeit wiederfahren lassen. Nach dieser Kriegeserklärung war es ihr unmöglich, sich länger mit dieser Hoffnung zu schmeicheln. Hätte sie während seiner Gefangenschaft die gröbsten Verbrechen gegen die eheliche Treue begangen, oder hätte sie ihren Mann mit Gift aus dem Wege zu räumen gesucht; so hätte er nicht härter schreiben, nicht unanständiger drohen können.

nen. So aber war ihr ganzes Verbrechen, daß sie eine nichtswürdige Hure nicht im Hause dulden, noch weniger ihr die Herrschaft überlassen wollte, und ihre Entlassung nicht mit Ungestüm, nicht mit bittern Vorwürfen, sondern mit den sanftmüthigsten und liebreichsten Bitten und Vorstellungen zu erlangen suchte. Dies waren in seinen verblendeten Augen Stöhrungen seiner Ruhe, Verbitterung seiner Tage, Verkürzung seines Lebens, worüber er bald erbärmliche Jammerklage führte, bald wie ein Unsinniger tobte. Nun war sie völlig überzeugt, daß es ihr unmöglich sey, bei einem solchen Manne zu bleiben, der noch dazu, wie sie wohl wußte, beschlossen hatte, die Hure mit ihren zwei Bastarden, und ihre ganze Familie auf immer zu sich zu nehmen, und dem sie zutrauen mußte, daß er vermögend sey, sie in ihrem Gefängnisse aufs ärgste zu mißhandeln, oder gar verhungern zu lassen, wenn sie ihm nicht bald den Gefallen thäte, und sich todt ärgerte. Demohngeachtet beschloß sie, ihr Haus und ihre Kinder nicht eher zu verlassen, als bis sie mit der offenbarsten Gewalt dazu gezwungen würde, und wafnete sich mit Standhaftigkeit gegen den bevorstehenden letzten Sturm.

Ihr Herr Gemahl kam am Sonnabend wieder, und kündigte ihr Tages darauf mit einem steifen Amtsgesichte an: die Zeit, die er ihr gegeben, sich zu bedenken, sey vorüber, und er müsse wissen, welchen von seinen Vorschlägen sie erwählet habe. Keinen, antwortete sie mit kaltem Blute. Ich will Frau im Hause bleiben, und sehen, wer mich herauswerfen soll, oder wer dir die Macht gegeben, mich als eine Gefangene zu halten. Ich muß doch erst wissen, was mein Verbrechen sey.

Der D. Frage nur! du hast schlecht gewirthschaftet.

Fr. Meine Rechnung beweiset das Gegentheil, und wie viel ich zugesetzet. Daß wenig Gäste bei oft anhaltender rauhen Witterung gekommen, ist meine Schuld nicht.

D. Hast du dich nicht auf meine Gefangenschaft gefreuet, und gewünscht, daß sie ewig dauern möchte.

Fr. Dein Gewissen sagt es dir vielleicht, daß ich Ursache dazu gehabt. Du darfst dich aber nur erinnern an alles, was ich in dieser Zeit gethan und geschrieben, so wird es dir auch sagen, daß du mich mit Unrecht beschuldigst.

D. Wo ist meine Uhr?

Fr. Ich will sie gleich holen. (Die hatte sie nebst

nebst ihrem Ringe versetzen müssen, aber von den empfangenen Wohlthaten wieder eingelößt) Sie brachte sie ihm.

D. Wo sind die Schlüssel zur Wäsche?

Fr. Sie sind, wo sie seyn müssen, in meiner Verwahrung. Du weißt doch, daß ich Frau im Hause bin, und die Wäsche mir zugehört.

D. Den Augenblick hole mir die Schlüssel, wenn du nicht willst, daß ich dich prügeln soll.

Fr. Das werde ich erwarten. Sie ging nach ihrer Stube.

D. Kam ihr in voller Wuth nachgelaufen, und wiederholte seine pöbelhaften Drohungen.

Fr. Ich sehe wohl, daß Gewalt für Recht geht. Hier ist der Schlüssel zu der Commode, in welcher die Wäsche zum täglichen Gebrauch liegt. Sie schnitt den Schlüssel ab, und gab ihn hin.

D. Wo ist die andere Wäsche?

Fr. In dem großen Kasten. Die übrige ist schmutzig und hängt auf dem Boden.

D. Gieb den Schlüssel zu dem Kasten her!

Fr. Das werde ich nicht thun.

Er lief fort und ließ den Kasten in seine Schlafkammer schleppen. Sie blieb in ihrer Stube, ließ sich das Essen bringen, und sahe

ih-

ihren Mann in der ganzen Woche nicht wieder. Dieser schickte Tags drauf Herrn Bissing zu ihr, welcher ihr schon in seinem Namen den Vorschlag gethan hatte, sich zu mir zu begeben. Er sollte sie nochmals dazu zu bereden suchen, und ihr vorstellen, es sey das Beste, was sie in ihrer Lage wählen könnte. Sie antwortete: Sie müsse erst das Aeußerste abwarten, ehe sie sich dazu entschlösse. So verging die Woche, ohne daß man zum Schlusse kommen konnte. Mit dem Ende derselben besuchte sie der Justizcommissarius Nehmitz, und wiederholte eben diese Vorstellungen. Sie erklärte hierauf: Sie sey dazu bereit, wenn sie von ihrem Manne billige Bedingungen erhalten könnte. Diese, war seine Antwort, könne er ihr versprechen, sie möchte solche nur selbst entwerfen. Ihr Mann würde am Montage verreisen, und nicht eher, als am Mittwochen wiederkommen. Donnerstags würde er sich mit ihrem Herrn Curator, dem Herrn Hoffiscal Läuffer und dem Gerichtsnotario bei ihnen einfinden, dann sollte alles zu ihrer Zufriedenheit in Ordnung gebracht werden.

Der Herr D. reiste am Montage auf seinem Leiterwagen nach Bärenburg, um daselbst, wie er vorgab, Eisen einzukaufen. Von da schickte er den Wagen nach Magdeburg, um seinen zurückgelassenen Hausrath, worunter seine Christistine und ihre beiden Bastarde ihre vornehmsten Stücke waren, abzuholen. Er setzte sich in Bärenburg mit ihnen auf, und brachte sie auf seinen Kirschberg, wo sie sich so lange verborgen halten sollten, bis seine Frau fort seyn würde. Als er sich über den Strom setzen ließ; bekam er einen kleinen Vorschmack, wie viel Ehre ihm diese Gesellschaft bringen würde. Der Fährmann sagte zu dem Kutscher: Nun, ihr bringt euren Herrn wieder, und noch darzu seine Kuh mit zwei Kälbern. Diese Pille mußte der Herr D. verschlucken. Denn gegen diesen Menschen zu toben, war ihm so leicht nicht, als gegen seine Frau, und dieser Einfall des Fährmanns breitete sich am folgenden Montage in der ganzen Stadt aus.

Der Friedenscongreß wurde am Donnerstage gehalten. Es wurde ausgemacht, der Herr D. sollte seiner Frau wöchentlich $2\frac{1}{2}$ Thlr., und zwar jedes Vierteljahr voraus geben; ihr in seinem Weinberge 2000 Thlr. versichern, und sie, nebst dem nothdürftigen Hausrath mit seinem Wagen zu mir bringen lassen. Bei meinem Absterben sollte er ihr so viel zulegen, daß sie mit einer Magd ihre eigene Haushaltung führen könnte. Hierüber wurden zwei gleichlautende Urkunden verfertigt, welche der Herr D., seine Frau, die Herren Bevollmächtigten und der Gerichtsaktuarius unterschrieben und besiegelten. Sie empfing von ihrem Manne die erste vierteljährige Zahlung, und der folgende Montag wurde zu ihrer Abreise bestimmt. Es war der Tag ihrer Erlösung aus einem Fegfeuer, in welchem sie drei Jahre geschmachtet hatte.

Der Abschied war so kalt, als der Empfang bei ihrer Wiederkunft gewesen war. Sein Gewissen wurde in etwas gerührt, als sie sagte: Es sey doch schrecklich, daß sie bei ihrer offenbaren Unschuld, als eine grobe Verbrecherin, aus dem Hause getrieben würde. Er antwortete nichts, wendete sich von ihr weg, und schämte sich, sie anzublicken. Doch schon lange geübt in der Fertigkeit, die Regungen des Gewissens zu unterdrücken, hütete er sich sehr, eine sichtbare Betrübniß zu zeigen. Sie sagte ihm mit standhaftem Muthe und trocknen Augen ihr Lebewohl, und bestieg den Wagen; und kaum war sie einige hundert Schritte entfernt, so wurde die neue Gebieterin im Triumph eingeholt, und ihr die unumschränkte Herrschaft des Hauses von neuem übergeben. So endigte sich dieser Streit, welcher drei Jahre lang gedauret. **Die Frau mußte weichen, und die Hure behielt den Sieg.**

Die Leser werden sich hierbei an die oben von mir gemachte Anmerkung erinnern, daß meine Schwester keine Frau gewesen, die sich für den Herrn D. geschickt. Hätte sie ihm Dragonermäßig die Spitze bieten können, und hätte

sie

sie Muth und Leibeskräfte genug gehabt, ihm Furcht einzujagen, so würde der nichtswürdigen Hure bald der Weg seyn gewiesen worden, und der Herr D. würde nicht so tief gesunken seyn. So aber mußte die sanfte, nachgebende und friedsame Frau weichen, und einer Elenden den Kampfplatz überlassen.

Sie kam am dritten Tage nach ihrer Abreise glücklich bei mir an, und gab dem zurückkehrenden Kutscher ein Schreiben an ihren Mann mit, in welchem sie ihre Ankunft meldete, und ihm zu seiner nunmehrigen Ruhe Glück wünschte. Seine Antwort war stolz und gebieterisch, wie er schon lange an sie zu schreiben gewohnt war, und er drohete, sie wieder zu holen und einzusperren, wenn sie seine Ruhe auf eine Art stöhren würde, die zu einiger Publicität gelangte. Sie versicherte ihn hinwiederum, seine und ihre eigene Ruhe wären ihr so lieb, daß sie hoffte, er würde sie nicht in die Nothwendigkeit setzen, solche zu stöhren, und Gott würde ihn vor der Macht, seine Drohungen zu erfüllen, behüten.

Der Trost eines guten Gewissens, und die Hoffnung auf Gott stärket sie, sich in ihr trauriges Schicksal zu finden, und sie würde ganz von neuem aufleben, wenn ihr nicht die Sorge noch immer am Herzen nagte, was aus ihrem

Man-

Manne und ihren Kindern in einer so bedenkli-chen Lage werden würde.

Er selbst hat die Ruhe, die sie jetzt geniesset, auf eine grausame Weise gestöhret, da er schon in dem zweiten Theile seiner Geschichte eine so gehässige Abschilderung von ihr gemacht. Er hat mich dadurch in die Nothwendigkeit gesetzt, durch ihre Vertheidigung auch seine Ruhe zu stöhren, und ich leugne nicht, dieses sey wirklich einer meiner Wünsche. Die Ruhe, die er erlangt zu haben glaubt, ist eine unselige Verblendung und Betäubung, und der ist sein Feind nicht, der sie stöhret, sein Gewissen unruhig macht, und ihn zur ernstlichen Ueberlegung seiner gegenwärtigen Lage bringt, deren traurige Folgen seiner Einsicht nicht entgehen können.

Wie glücklich werde ich mich schätzen, wenn mich Gott den gewünschten Tag erleben lässet, an welchem bei dem Herrn D. das alte Sprüchwort eintreffen wird:

Naturam expellas furca, tamen usque recurrit.

Ich meine, da seine bisher auf eine so unbegreifliche Weise unterdrückte edle Denkungsart in neuem Glanze sich zeigen, und eine aufrichtige Versöhnung mit seiner Gattin, eine seiner rühmlichsten Thaten werden wird. Vielleicht ist diese erwünschte Veränderung näher, als ich den-

denke, und wer weiß, ob nicht der harte Schlag der göttlichen Vorsehung sein Gewissen erwecket, und sein Herz erweichet, da eben, als ich dieses schreibe, der Liebling seines Herzens, seine älteste Tochter durch ein tödtliches Fieber ins Grab gelegt worden.

Zugabe.

Da ich gegenwärtige Schrift schon dem Drucke übergeben, bekomme ich den 3ten Theil der Bahrdtischen Lebensgeschichte zu lesen. Ich war begierig zu erfahren, ob meine geäußerte Vermuthung gegründet gewesen, der H. D. Bahrdt würde die seiner Frau angedichteten Untugenden in Heidesheim ruhen lassen, und sie entweder als vollkommen gesund, verständig, wirthschaftlich und unverdrossen vorstellen, oder ihrer gar nicht erwähnen, auch ihr nur erst auf dem Weinberg bei Halle einen Rückfall andichten. Ich habe mich geirret. Er hat den einmal festgesetzten Plan, sie als eine sehr schlechte und unausstehliche Person zu schildern, auch hier aller Wahrheit und Wahrscheinlichkeit zum Trotze befolget, nur daß er nicht so weitläuftig, wie im 2ten Theile, gedichtet, sondern nur kurz, und gleichsam im Vorbeigehen seine Leser erinnert, sie sey das geblieben, was sie nach seinem

Vorgeben immer gewesen, eifersüchtig, hypochondrisch, nörgelnd, faul, verschwenderisch u. s. w.

In Dirkheim läßt er sie nur ein wenig eifersüchtig werden, und da er sich in die Nothwendigkeit versetzt siehet, einige Personen zu nennen, auf welche ihre Eifersucht gefallen, so sollen es eine gewisse schöne Hofdame und die Räthin Sandhexe gewesen seyn. Die erste war noch höher über ihn, als die Baviere in Marschlinz, und ließ sich noch weniger zu ihm herab, und die andere war eine schon etwas bejahrte Person, deren äußerliche Reitze, wo sie jemals dergleichen gehabt, schon längstens verschwunden waren. Sie war sonst eine Freundin meiner Schwester, und hatte ihr ein Kind aus der Taufe gehoben. Aber eine unmäßige Tadelsucht verdunkelte ihre andern guten Eigenschaften, und deswegen war ihr meine Schwester abgeneigt, aber nicht aus Eifersucht. Der H. D. konnte sie selbst wegen ihrer herrschenden Neigung, jedermann durchzuziehen, nicht leiden, und es gehöret in das große Register der Unwahrheiten, wenn er schreibt, er habe dieses Frauenzimmer zärtlich behandelt, und dadurch seiner Frau Kummer, und sich selbst kleine Guardinen-Predigten zugezogen.

Inzwischen scheint er zu fürchten, es möchte mancher Leser auf die Gedanken gerathen, diese kleine Eifersucht seiner Frau sey etwas unbedeutendes, und sie müsse sich in diesem Stücke ziemlich gebessert haben. Deswegen erscheint nach einem langen Verzeichnisse der Lasten, die ihm in Heidesheim auf dem Halse gelegen, auch eine wiederholte Jammerklage über die beständige Eifersucht seiner Frau, welche noch dazu gekommen, und ihm das Leben ganz unerträglich gemacht.

Es wären, schreibt er, besonders am Sonntage und Donnerstage viel Fremde nach Heidesheim gekommen. Er habe sie empfangen und unterhalten müssen, und dieses habe er mit seiner gewöhnlichen Höflichkeit und Freundlichkeit gethan. Da hätte sich seine Frau gleich eingebildet, es wären Buhlerinnen, die deswegen gekommen wären, ihr das Herz ihres Mannes zu rauben. In dieser Einbildung wäre sie um so mehr bestärkt worden, da sich würklich einige Frauenzimmer mit eingefunden, die in einem üblen Rufe gestanden, z. B. die Frau eines gewissen Predigers; dadurch wäre ihre Eifersucht und nörgelndes Wesen zu einer solchen Höhe gestiegen, daß sie gegen gute und schlechte Freundinnen sich über ihn beklaget, und ihm und seinem Philantropin die gehässigsten Verläumdungen zugezogen. So wäre sie der Welt, und die Welt ihr zur Last geworden, so sey ihm alle Duldkraft vergangen, die Liebe zu seiner Frau völlig aus seinem Herzen verdrängt, und er des Lebens ganz überdrüssig geworden. Seite 177 — 179.

Alles dieses hat der H. D. erst auf dem Weinberge erfunden. In Heidesheim wußte er nichts davon, und konnte nichts davon wissen. Seine Frau wußte sehr wohl, daß er denen Fremden höflich und artig begegnen müsse, und that dieses auch. Ja, wenn er zuweilen dabei den Doctor und Superintendenten vergaß, und wie ein faselnder junger Herr um eine Schöne herumflatterte, so hielt sie dieses nur für einen Rest des alten Sauerteiges, den er selbst mit der Zeit fortschaffen würde, und nie hat sie sich gegen jemanden darüber beklaget. Daß aber andere eine solche Abweichung von seiner Würde nicht so glimpflich beurtheilten, und mit gehässigen Zusätzen vergrößerten, war ihre Schuld nicht. Hoffentlich wird er es doch nicht zu einem Beweise ihrer eifersüchtigen Klagen machen, daß sie ihn bat, er und alle Lehrer möchten der bemeldeten schlechten Predigersfrau so kaltsinnig begegnen, daß sie wegbleiben müßte, wie auch geschah, und daß sie ihn einstens liebreich und im geheim erinnerte, er würde wohl thun, wenn er die sonntäglichen Versammlungen zu Heidesheim, wo gewöhnlich getanzt wurde, etwas seltner besuchte, indem seine Gemeine darüber zu murren anfinge, und man ihn wohl gar für einen Mittänzer ausschreien würde.

Da der H. D. sich nicht scheuet, die vorgedachten offenbarsten Unwahrheiten so dreust zu behaupten, so darf man sich auch nicht wundern, wenn er schreibt, seine Frau habe bei seiner vorhabenden Reise nach England gejammert, aus Furcht, es möchte ihn eine engländische Schönheit fesseln, oder gar entführen. Er hatte ihr von dieser Reise nicht ein Wort gesagt, sondern nur vorgegeben, er müßte auf einige Wochen verreisen, und schrieb ihr erst aus Frankfurt, wohin seine Reise ginge. Sie würde freilich alles versucht haben, ihn von dieser desperaten Reise, wie er sie selbst nennet, abzubringen, aber nicht aus Furcht für englischen Schönheiten, sondern aus einer sehr gegründeten Furcht, er würde bei einer solchen Winterreise seine Gesundheit und Leben in Gefahr setzen, und doch dabei seine Absicht nicht erreichen. Ob er sich in England viel oder wenig mit dem Frauenzimmer abgeben möchte, war während seiner Abwesenheit ihre geringste Sorge. Sie war damals von seiner unveränderten Liebe so fest überzeugt, daß sie sich auch durch das fast allgemeine Gerücht nicht irre machen ließ, der H. D. Bahrdt würde sich nie in Deutschland wieder sehen lassen.

Hätte der H. D. sich nicht über alles Rothwerden weggesetzt, um seine unschuldige Frau zu beschimpfen, so würde er nie vorgegeben haben, er hätte sie schon in Heidesheim nicht mehr ausstehen können, und schon damals wäre alle Liebe zu ihr aus seinem Herzen verschwunden gewesen. Jetzt ist dieses freilich mehr als zu wahr, aber wer ihn dessen schon in Heidesheim hätte beschuldigen wollen, den würde er sehr übel angelassen haben. Wie einig und vergnügt sie in jenen Zeiten mit einander gelebt, und wie viel das in allen Absichten rechtschaffene Betragen meiner Schwester dazu beigetragen, daß dem H. D. bei so überhäuften Arbeiten, Sorgen und erlittenen Kränkungen der Muth nicht gesunken, könnte leicht, wenn es nöthig wäre, mit unverwerflichen Zeugen bestätigt werden, unter welchen ich nur den H. Superint. Wolf in Grünstadt, und des H. D. mit Recht gerühmten

ten Herzensfreund, *) den H. Heres, Prediger zu Bechtheim, bei Worms, zu nennen brauche.

Der H. D. hat ein sehr glückliches Gedächtniß, und so wird er sich auch noch wohl erinnern, daß ihn seine Frau einst im Scherze gefragt, was er thun würde, wenn er ein so eifersüchtiges Weib hätte, wie die Frau des Hauptmanns, der sich damals bei ihm befand, und zur Antwort bekommen: Ich würde ein solches Weib prügeln, oder mich von ihr scheiden lassen. Eben so unvergeßlich muß es ihm seyn, wie er bei seiner Wiederkunft aus England für Vergnügen außer sich gewesen, als ihm seine Frau in Oppenheim entgegen gekommen, und indem er sie umarmet, ausgerufen: Ich glaube, ich werde noch ein Narr für Freuden, daß ich dich wieder habe, und nun soll ihm das Publikum glauben, sie sey immer seine größ=

*) Der H. D. nennet ihn zwar nur seinen Busenfreund, ich glaube aber doch, daß er mit diesem Worte eben den Begriff vereinige, den man sonst mit dem Worte Herzensfreund zu verknüpfen pflegte, ob ich gleich nicht begreife, warum man in unserer heutigen Sprache die alten ehrlichen Herzensfreunde abgedankt, und Busenfreunde an ihrer Statt angenommen.

größte Plage gewesen! Was die noch sonst eingestreueten Beschuldigungen betrift, sie sey vielleicht schon in Dürkheim die Mittelursache gewesen, warum er bei aller seiner Sparsamkeit nicht auskommen können, wie sie solches späterhin erweißlich geworden; ingleichen, sie habe nie an der Oeconomie vielen Theil genommen, das soll heißen, sie habe keine Wirthschaft verstanden, so ist der Ungrund derselben schon sattsam dargethan worden, und ich würde nur die Geduld meiner Leser mißbrauchen, wenn ich solches hier wiederholen wollte.

Ich glaube, meine Schwester hinlänglich gerechtfertiget zu haben, und werde mich schwerlich entschließen, eine Feder anzusetzen, wenn der H. D. auch in der Folge noch ärger auf sie schimpfen sollte.